(사)한국어문회 주관 | 교육급수

한자능력 검정시험

7급

기출·예상 문제집

배정한자 ⊕ 기출문제 완벽 반영!
예상문제 10회 ⊕ 기출·예상문제 5회 수록!

• 한자어의 이해와 활용능력을 길러주기 위한 다양한 유형의 문제 수록
• 본 시험과 같은 유형의 기출·예상문제 수록
• 실제 시험처럼 연습할 수 있는 답안지 수록

한자능력검정시험 7급
기출·예상문제집

　문자는 언어를 체계화하여 인간의 내면세계를 구체화하고 서술하는 데에 필요한 도구이다. 따라서 한 나라의 문자 정책은 그 나라의 이상과 추구를 구체화하며 아울러 세계 인류의 의식세계를 교류하는 데에 가교架橋 역할을 한다.

　지금 우리나라는 문자 정책의 혼선으로 말미암아 어문 교육 정책은 실마리를 찾지 못하고 있으며, 사회 각처에서의 언어적 무가치와 무분별한 외래어 남용을 해소할 수 없어 내 나라 내 글인 한국어의 우수성을 저버리고 있다.

　새삼 한국어의 구성을 강조하지 않더라도 한국어는 한자와 한글로 구성되었음은 누구나 아는 사실이다. 특히 그 구성에 있어서 한자 어휘가 약 70% 이상을 차지하고 있으므로 한자와 한글을 따로 떼어서 교육하려는 것은 굴대에서 바퀴가 빠진 수레를 몰고자하는 것과 같다. 그럼에도 불구하고 학자들 간의 이권利權으로 말미암아 어문 정책이 양분되어 논쟁을 벌이는 것은 불필요한 지식 소모에 지나지 않는다.

　이로 인하여 (사)한국어문회에서는 우리글인 한국어를 올바로 인식시키고, 고급 지식의 경제 생산을 이룩하기 위하여 초등학생부터 일반인에 이르기까지 '한자능력검정시험'을 시행하고 있다. 매년 수험생이 증가하고 있어 다행한 일이라 여겨지기는 하나 전국민이 학교의 의무 교육으로부터 올바른 한국어 교육을 받을 수 있도록 정책을 세우는 것보다는 못할 것이다.

　한편 사회 각처에서 국한國漢혼용의 필요성이 대두되면서 한자교육학회의 난립과 한자검정시험이 난무하고 있어, 오랜 세월 학자들이 주장해온 국한 혼용의 본래 취지와 한국어 교육의 참뜻을 저해할까 두려운 마음이 앞선다.

　다행히 무분별한 외래문화의 수용 속에서 우리 것을 바로 알고 지켜나가는 (사)한국어문회가 어문 정책의 일환으로 추진하는 '한자능력검정시험'이 꾸준히 뿌리를 내리고 있어 한결 마음 뿌듯하며, 한국어 학습자와 수험생에게 조금이나마 보탬이 되고자 이 책을 펴낸다.

원 기 출

차례

- 머리말   3
- 차 례   4
- 시작하기 전에   5
- 출제기준   6
- 100% 내 것으로 만들기   7
- 꾸준이의 일기(성적)   8
- 급수별 배정한자(8급 ~ 7급)   9
- 시험에 꼭 출제되는 꾸러미   12
- 7급 예상문제(1회 ~ 10회)   21
- 7급 기출·예상문제(1회 ~ 5회)   75
- 정답 및 해설   93
  - 예상문제 정답 및 해설 (1회 ~ 10회)
  - 기출·예상문제 정답 및 해설(1회 ~ 5회)
- 쓰기연습(8급 ~ 7급)   119

시작
하기 전에

01

본 문제집은 급수별 시험에 대비하는 학생이나 사회인이 한자어의 이해와 활용 능력을 기르는 데에 도움이 되도록 엮은 것이다.

02

본 문제집은 (사)한국어문회에서 주관하고 한국한자검정회에서 시행하는 한자능력검정시험의 출제유형에 따라 예상문제와 기출·예상문제를 구성한 것이다.

03

본 문제집은 한자능력검정시험과 같이 문제지와 답안지를 별도로 수록하여, 본 시험에 대비해 보다 실전에 가까운 체험을 할 수 있도록 꾸며졌다.

04

본 문제집은 먼저 답안지에 1차 답안을 작성하여 채점한 후에 틀린 부분을 문제지에서 다시 풀어 볼 수 있도록 구성하였다.

05

본 문제집의 예상문제는 출제기준에 따라 각 급수에 배정된 한자의 범위 안에서 엮은 것으로, 본 시험에 가깝게 난이도를 조정하였으며 별도로 정답과 해설을 수록하여 문제의 이해를 높이려고 하였다.

06

(사)한국어문회에서 주관하고 한국한자검정회에서 시행하는 한자능력검정시험은, 급수별로 8급(50자) / 7급II(100자) / 7급(150자) / 6급II(225자) / 6급(300자) / 5급II(400자) / 5급(500자) / 4급II(750자) / 4급(1,000자) / 3급II(1,500자) / 3급(1,817자) / 2급(2,355자) / 1급(3,500자) / 특급II(4,918자) / 특급(5,978자) 등에 배정된 한자의 범위에서 출제되고 있어서 국내 여러 한자검정시험 중 급수별로 가장 많은 배정한자를 지정하고 있다.

07

한자 관련 시험의 종류로는 (사단법인)한국어문회에서 주관하고 한국한자능력검정회에서 시행하는 한자능력검정시험과 국내 각종 한자자격시험 및 한자경시대회 등이 있다.

✔ 상위급수 한자는 모두 하위급수 한자를 포함하고 있습니다.

✔ 쓰기 배정 한자는 한두 급수 아래의 읽기 배정한자이거나 그 범위 내에 있습니다.

✔ 공인급수는 특급 ~ 3급이며, 교육급수는 4급 ~ 8급입니다.

✔ 출제기준표는 기본지침자료로서, 출제자의 의도에 따라 차이가 있을 수 있습니다.

✔ 급수는 특급, 특급Ⅱ, 1급, 2급, 3급, 3급Ⅱ, 4급, 4급Ⅱ, 5급, 5급Ⅱ, 6급, 6급Ⅱ, 7급, 7급Ⅱ, 8급으로 구분합니다.

구분	특급	특급Ⅱ	1급	2급	3급	3급Ⅱ	4급	4급Ⅱ	5급	5급Ⅱ	6급	6급Ⅱ	7급	7급Ⅱ	8급
독음	45	45	50	45	45	45	32	35	35	35	33	32	32	22	24
한자쓰기	40	40	40	30	30	30	20	20	20	20	20	10	0	0	0
훈음	27	27	32	27	27	27	22	22	23	23	22	29	30	30	24
완성형(成語)	10	10	15	10	10	10	5	5	4	4	3	2	2	2	0
반의어(相對語)	10	10	10	10	10	10	3	3	3	3	3	2	2	2	0
뜻풀이	5	5	10	5	5	5	3	3	3	3	2	2	2	2	0
동음이의어	10	10	10	5	5	5	3	3	3	3	2	0	0	0	0
부수	10	10	10	5	5	5	3	3	0	0	0	0	0	0	0
동의어(類義語)	10	10	10	5	5	5	3	3	3	3	2	0	0	0	0
약자	3	3	3	3	3	3	3	3	3	3	0	0	0	0	0
장단음	10	10	10	5	5	5	3	0	0	0	0	0	0	0	0
한문	20	20	0	0	0	0	0	0	0	0	0	0	0	0	0
필순	0	0	0	0	0	0	0	0	3	3	3	3	2	2	2
출제문항(計)	200			150			100				90	80	70	60	50
합격문항	160			105			70				63	56	49	42	35
시험시간(분)	100	90		60			50								

● 한자능력검정시험은 《(사)한국어문회》가 주관하고, 《한국한자능력검정회》가 1992년 12월 9일 전국적으로 시행하여 현재에 이르기까지 매년 시행하고 있는 국내 최고의 한자자격시험입니다. 또한 시험에 합격한 재학생은 내신 반영은 물론, 2000학년부터 3급과 2급 합격자를 대상으로 일부 대학에서 특기자 전형 신입생을 선발함으로써 더욱 권위있고 의미있는 한자자격시험으로 인정받고 있습니다.

● 《(사)한국어문회》는 1992년 6월 22일에 문화부 장관 인가로 발족하고, 그 산하에 《한국한자능력검정회》를 두고 있습니다.

● 한자능력검정시험은 국어의 전통성 회복과 국어 생활을 바르게 하는 데에 그 목적이 있습니다. 따라서 시험에 출제되는 내용은 교과서·교양서적·논고 등에서 출제될 것입니다.

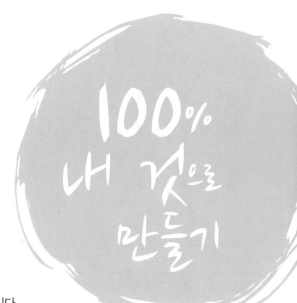

이 책은 '한자능력검정시험'에 대비하여 자신이 그동안 공부한 것을 평가하고, 자신에게
부족한 것이 무엇인가를 확인할 수 있도록, 시험 출제 가능성이 큰 내용을 위주로 엮은 것입니다.
아래의 길라잡이는 수험생이 자기 실력을 향상시키는 데에 도움이 될 수 있는 요점을 정리한 것이니, 이 책을
학습하기 전에 꼭 읽어보도록 하세요.

✓ **문제 풀이하기** 시험지가 몇 회인지, 시험 시간과 출제 문항수를 확인하고, 문제지 뒤에 붙어있는 답안지를 오려서 문제 번호를 확인하며
답안을 작성합니다.

✓ **정답 및 해설 확인하기** 시험을 마친 후에는 정답의 번호를 확인하며 답안지에 틀린 것을 표시합니다. 그런 다음에는 틀린 문제의 해
설을 확인하고 오답의 이유가 무엇이었는지를 알아야 합니다.

✓ **학습 효과 높이기** 틀린 문제를 공책에 별도로 적어두었다가 반복하여 쪽지 시험으로 확인하면 학습의 효과를 높일 수 있습니다.

✓ **자신의 실력을 인정하기** 문제를 풀이한 후에 점수가 70점이 넘지 않은 수험생은 기초가 튼튼하지 못하다는 것을 스스로 인정하고, 문
제집 앞에 수록된 배정한자, 반의어, 유의어, 한자성어 등을 학습하여야 합니다. 기초가 튼튼하지 않으면 공부를 해도 실력이 향상되지 않기
때문입니다.

✓ **기초 튼튼 다지기** 먼저 불투명한 종이로 배정한자의 훈과 음을 가리고 한자만을 보고 훈과 음을 읽는 연습을 합니다. 그런 다음에는 한자
를 가리고 훈과 음만을 보고 한자 쓰기 연습을 합니다.
무엇보다 자신의 실력을 인정하고 부족한 것부터 채워가는 노력이야말로 최고의 학습 방법입니다.

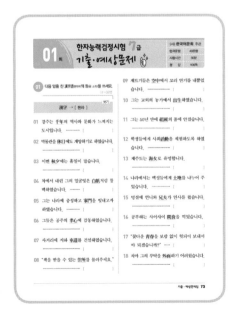
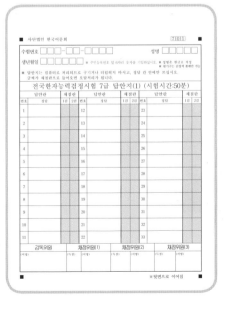
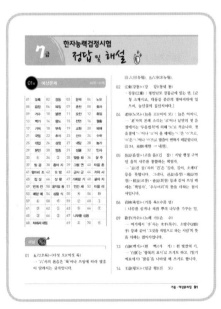

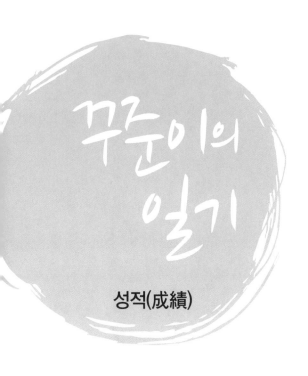

꾸준이의 일기

성적(成績)

오늘은 한자 시험을 치르는 날이었다.

"70점만 받으면 합격이다!" 그 정도 점수를 얻는 것은 그렇게 어려울 것 같지 않았다.

하지만 선생님께서 "성적은 쌓는 것이 아니라, 천을 짜는 것과 같은 것이다." 라고 하신 말씀이 생각났다.

오늘 점수 50점과 내일 점수 50점을 합친다고 해서 온전한 100점이 될 수 있는 것이 아니라는 말씀이셨다.

예를 들어, 100점이 '옷 한 벌을 지을 수 있는 천을 짠 것'이라면 70점은 같은 수고를 했으면서도 '옷 한 벌을 온전하게 지을 수 없어서 나중에 30점을 더해도 누더기 옷을 지을 수밖에 없다'는 것이다.

"아, 100점으로 합격해서 멋진 옷을 만들어 입고 싶다!!"

'성적(成績)'은 '이룰 성(成)'자와 '길쌈 적(績)'자로 이루어진 한자어입니다. '길쌈 적(績)'자와 '쌓을 적(積)'자를 구별하세요!

'길쌈'은 무슨 뜻일까요?

'길에서 싸운다'는 뜻입니다.

^^ '길쌈'은 '실을 내어 옷감을 짜는 일'을 뜻하는 말입니다. 그래서 '성적(成績)'은 '길쌈의 결과로 얻은 성과'를 뜻하는 말에서, '배운 지식이나 기능 따위를 평가한 결과'를 이르게 된 것입니다.

그러면 '쌓을 적(積)'자는 무엇을 뜻하는 글자인가요?

'積'자는 뜻을 전하는 '禾(벼화)'자와 소리를 전하는 '責(꾸짖을 책)'자가 결합하여 '곡물이 많이 쌓여 있는 것'을 뜻합니다.

: 표는 長音, ˙표는 長·短音 漢字임

8급 배정한자

教	가르칠	교:	攵 – 총11획
校	학교學校	교:	木 – 총10획
九	아홉	구	乙 – 총 2획
國	나라	국	口 – 총11획
軍	군사軍士/軍事	군	車 – 총 9획
金	쇠	금	
	성姓	김	金 – 총 8획
南	남녘	남	十 – 총 9획
女	계집	녀	女 – 총 3획
年	해	년	干 – 총 6획
大	큰	대˙	大 – 총 3획
東	동녘	동	木 – 총 8획
六	여섯	륙	八 – 총 4획
萬	일만	만:	艸 – 총13획
母	어미	모:	毋 – 총 5획
木	나무	목˙	木 – 총 4획
門	문	문	門 – 총 8획
民	백성百姓	민	氏 – 총 5획

白	흰	백	白 – 총 5획
父	아비	부	父 – 총 4획
北	북녘	북	
	달아날	배	匕 – 총 5획
四	넉	사:	口 – 총 5획
山	메	산	山 – 총 3획
三	석	삼	一 – 총 3획
生	날	생	
	낳을	생	生 – 총 5획
西	서녘	서	襾 – 총 6획
先	먼저	선	儿 – 총 6획
小	작을	소:	小 – 총 3획
水	물	수	水 – 총 4획
室	집	실	宀 – 총 9획
十	열	십	十 – 총 2획
五	다섯	오:	二 – 총 4획
王	임금	왕	玉 – 총 4획
外	바깥	외:	夕 – 총 5획
月	달	월	月 – 총 4획
二	두	이:	二 – 총 2획

人	사람	인	人 – 총 2획
日	날	일	日 – 총 4획
一	한	일	一 – 총 1획
長	긴	장˙	長 – 총 8획
弟	아우	제:	弓 – 총 7획
中	가운데	중	丨 – 총 4획
靑	푸를	청	靑 – 총 8획
寸	마디	촌:	寸 – 총 3획
七	일곱	칠	一 – 총 2획
土	흙	토	土 – 총 3획
八	여덟	팔	八 – 총 2획
學	배울	학	子 – 총16획
韓	나라	한˙	
	한국韓國	한˙	韋 – 총17획
兄	형	형	儿 – 총 5획
火	불	화˙	火 – 총 4획

※ 8급은 모두 50자입니다. 8급 시험에서 한자쓰기 문제는 출제되지 않습니다. 하지만, 8급 한자는 모든 급수의 기초가 되므로 많이 읽고 그 쓰임에 대하여 알아보는 것이 중요합니다.

7급II 배정한자

家	집	가	⼧ – 총10획
間	사이	간	門 – 총12획
江	강	강	水 – 총 6획
車	수레	거	
	수레	차	車 – 총 7획
空	빌[虛空]	공	穴 – 총 8획
工	장인[匠人]	공	工 – 총 3획
記	기록할	기	言 – 총10획
氣	기운[氣運]	기	气 – 총10획
男	사내	남	田 – 총 7획
內	안	내	入 – 총 4획
農	농사[農事]	농	辰 – 총13획
答	대답[對答]	답	竹 – 총12획
道	길	도	
	말할	도	辶 – 총13획
動	움직일	동	力 – 총11획
力	힘	력	力 – 총 2획
立	설	립	立 – 총 5획
每	매양[每樣]	매	母 – 총 7획

名	이름	명	口 – 총 6획
物	물건[物件]	물	牛 – 총 8획
方	모[四角]	방	方 – 총 4획
不	아닐	불	一 – 총 4획
事	일	사	亅 – 총 8획
上	윗	상	一 – 총 3획
姓	성[姓]	성	女 – 총 8획
世	인간[人間]	세	一 – 총 5획
手	손	수	手 – 총 4획
時	때	시	日 – 총10획
市	저자	시	巾 – 총 5획
食	먹을	식	
	밥	사/식	食 – 총 9획
安	편안[便安]	안	⼧ – 총 6획
午	낮	오	十 – 총 4획
右	오를	우	
	오른(쪽)	우	口 – 총 5획
自	스스로	자	自 – 총 6획
子	아들	자	子 – 총 3획
場	마당	장	土 – 총12획

電	번개	전	雨 – 총13획
前	앞	전	刀 – 총 9획
全	온전	전	入 – 총 6획
正	바를	정	止 – 총 5획
足	발	족	足 – 총 7획
左	왼	좌	工 – 총 5획
直	곧을	직	目 – 총 8획
平	평평할	평	干 – 총 5획
下	아래	하	一 – 총 3획
漢	한수[漢水]	한	
	한나라	한	水 – 총14획
海	바다	해	水 – 총10획
話	말씀	화	言 – 총13획
活	살[生活]	활	水 – 총 9획
孝	효도[孝道]	효	子 – 총 7획
後	뒤	후	彳 – 총 9획

※ 7급II는 8급[50자]에 새로운 한자 50자를 더하여 모두 100자입니다. 7급II에서 한자쓰기 문제는 출제되지 않습니다. 하지만, 7급II에서 사용되는 한자는 앞으로 공부할 모든 급수에서 중요한 한자이므로 모두 쓸 수 있도록 학습하는 것이 좋습니다.

7급 배정한자

歌	노래	가	欠 – 총14획
口	입	구	口 – 총 3획
旗	기	기	方 – 총14획
冬	겨울	동	冫 – 총 5획
洞	골	동	
	밝을	통	水 – 총 9획
同	한가지	동	口 – 총 6획
登	오를[登增]	등	癶 – 총12획
來	올	래	人 – 총 8획
老	늙을	로	老 – 총 6획
里	마을	리	里 – 총 7획
林	수풀	림	木 – 총 8획
面	낯	면	面 – 총 9획
命	목숨	명	口 – 총 8획
文	글월	문	文 – 총 4획
問	물을	문	口 – 총11획
百	일백	백	白 – 총 6획
夫	지아비	부	大 – 총 4획
算	셈	산	竹 – 총14획
色	빛	색	色 – 총 6획
夕	저녁	석	夕 – 총 3획
所	바	소	戶 – 총 8획
少	적을[젊을]	소	小 – 총 4획

數	셈	수	
	자주	삭	攴 – 총15획
植	심을	식	木 – 총12획
心	마음	심	心 – 총 4획
語	말씀	어	言 – 총14획
然	그럴	연	火 – 총12획
有	있을	유	月 – 총 6획
育	기를	육	肉 – 총 8획
邑	고을	읍	邑 – 총 7획
入	들	입	入 – 총 2획
字	글자	자	子 – 총 6획
祖	할아비	조	示 – 총10획
住	살	주	人 – 총 7획
主	임금	주	
	주인	주	丶 – 총 5획
重	무거울	중	里 – 총 9획
地	땅[따]	지	土 – 총 6획
紙	종이	지	糸 – 총10획
川	내	천	巛 – 총 3획
千	일천	천	十 – 총 3획
天	하늘	천	大 – 총 4획
草	풀	초	艸 – 총10획
村	마을	촌	木 – 총 7획
秋	가을	추	禾 – 총 9획
春	봄	춘	日 – 총 9획

出	날	출	凵 – 총 5획
便	편할	편	※'편'만 장단음
	똥오줌	변	人 – 총 9획
夏	여름	하	夊 – 총10획
花	꽃	화	艸 – 총 8획
休	쉴	휴	人 – 총 6획

※ 7급은 7급Ⅱ[100자]에 새로운 한자 50자를 더하여 모두 150자입니다.
7급에서 한자쓰기 문제는 출제되지 않습니다. 하지만 7급에서 사용되는 한자는 앞으로 공부할 모든 급수에서 중요한 한자이므로 모두 쓸 수 있도록 학습하는 것이 좋습니다.

✍ 한자는 서체에 따라 글자 모양이 달라져 보이나 모두 정자로 인정됩니다.

[참고 漢字]

示 = 礻	靑 = 青
神(神)	淸(清)
祈(祈)	請(請)
祝(祝)	晴(晴)
祖(祖)	情(情)
糸 = 糹	飠 = 食
線(線)	飮(飲)
經(經)	飯(飯)
續(續)	餘(餘)
紙(紙)	飽(飽)
辶 = 辶	八 = ソ
送(送)	尊(尊)
運(運)	說(説)
遂(遂)	曾(曽)
遵(遵)	墜(墜)

시험에 꼭! 출제되는 꾸러미

★

🎯 한자의 훈[訓 : 뜻] · 음[音 : 소리]

한글은 말소리를 그대로 기호로 나타내는 소리글자이지만, 한자(漢字)는 각각의 글자가 언어의 소리와 상관없이 일정한 뜻을 나타내는 뜻글자입니다. 때문에 한자는 뜻과 소리를 함께 익혀야 그 뜻을 정확하게 전달할 수 있습니다.

敎 (가르칠 교 : 攵부 총11획) → '敎'자의 뜻[훈(訓)]은 '가르치다', 소리[음(音)]는 '교'입니다.

學 (배울　학 : 子부 총16획) → '學'자의 뜻[훈(訓)]은 '배우다', 소리[음(音)]는 '학'입니다.

★

🎯 한자의 획과 획수

획(劃)은 한자(漢字)를 이루고 있는 하나하나의 선(線)이나 점(點), 또는 한 번에 그은 줄이나 점을 말하고, 획수(劃數)는 한자를 이루고 있는 '획의 수'를 말합니다.

兄 (형　형 : 儿부 총5획) → '兄'자는 '口'자의 3획과 '儿'자의 2획이 합해져서 모두 5획입니다.

男 (사내 남 : 田부 총7획) → '男'자는 '田'자의 5획과 '力'자의 2획이 합해져서 모두 7획입니다.

★

🎯 한자의 획순

획순(劃順)은 한자(漢字)를 구성하고 있는 획을 쓰는 순서로, 필순(筆順)이라고도 합니다. 한자의 쓰기 학습은 획순이 매우 중요합니다. 왜냐하면 획순은 글자를 쓰는 차례이며 규칙이기 때문입니다. 차례와 규칙이 없다면 모든 것이 혼란스럽듯이 한자의 획순 또한 순서에 따라 바르게 익히지 않으면 글씨를 예쁘게 쓸 수 없는 것은 물론이고, 애쓰고 익힌 글자도 오래도록 기억할 수 없습니다.

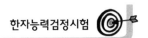

시험에 **꼭!** 출제되는 꾸러미

01 왼쪽에서부터 오른쪽으로 씁니다.

예 7급 川 내 천 : 巛부 총 3획 → ノ 丿川 川

8급 北 북녘 북 : 匕부 총 5획 → ㇗ ㇉ ㇉ 土 北

7Ⅱ 物 물건 물 : 牛부 총 8획 → ノ 一 牜 牜 牜 牝 物 物

7Ⅱ 姓 성 성 : 女부 총 8획 → く 女 女 女 姓 姓 姓 姓

7급 旗 기 기 : 方부 총14획 → 丶 亠 ㇉ 方 方 扩 扩 扩 斺 斻 旆 旗 旗 旗

02 위에서부터 아래로 내려씁니다.

예 8급 三 석 삼 : 一부 총 3획 → 一 二 三

8급 金 쇠 금 : 金부 총 8획 → ノ 人 人 入 仝 全 全 金

7급 花 꽃 화 : 艸부 총 8획 → 一 十 艹 艹 花 花 花

8급 室 집 실 : 宀부 총 9획 → 丶 宀 宀 宀 宀 宏 宏 室 室

7Ⅱ 電 번개 전 : 雨부 총13획 → 一 一 戶 戶 币 币 币 雨 雨 雪 雪 雷 電

03 가로획과 세로획이 교차(交叉)할 때에는 가로획[一]을 먼저 쓰고, 세로획 [ㅣ]을 나중에 씁니다.

예 8급 十 열 십 : 十부 총 2획 → 一 十

8급 寸 마디 촌 : 寸부 총 3획 → 一 寸 寸

8급 木 나무 목 : 木부 총 4획 → 一 十 才 木

7Ⅱ 世 인간 세 : 一부 총 5획 → 一 十 世 世 世

7급 地 땅[따] 지 : 土부 총 6획 → 一 十 土 坤 地 地

04 삐침[ノ]과 파임[㇏]이 서로 만날 때에는 삐침[ノ]을 먼저 쓰고, 파임[㇏]을 나중에 씁니다.

예 8급 人 사람 인 : 人부 총 2획 → ノ 人

8급 大 큰   대 : 大부 총 3획 → 一 ナ 大

8급 父 아비   부 : 父부 총 4획 → ′ ′′ 𠂆 父

7급 文 글월   문 : 文부 총 4획 → ` 一 ナ 文

7Ⅱ 後 뒤   후 : 彳부 총 9획 → ′ ′′ 彳 彳′ 彳′′ 彳′′′ 後 後 後

---

05 안쪽 획을 감싸는 글자는 바깥쪽 획을 먼저, 안쪽 획을 중간에, 아래 획을 나중에 쓴 다음 안쪽 획이 밑으로 쏟아지지 않도록 잘 닫습니다.

예 8급 四 넉   사 : 口부 총 5획 → 丨 冂 冂 四 四

8급 國 나라   국 : 口부 총11획 → 丨 冂 冂 冂 同 同 同 國 國 國 國

7급 百 일백   백 : 白부 총 6획 → 一 一 丆 百 百 百

7Ⅱ 直 곧을   직 : 目부 총 8획 → 一 十 ナ 市 市 盲 盲 直

7급 面 낯   면 : 面부 총 9획 → 一 一 丆 币 而 而 面 面 面

---

06 가운데 획을 중심으로 대칭(對稱)을 이루는 글자는 가운데 획을 먼저 쓰고, 다음으로 왼쪽 획을 쓰고, 맨 나중에 오른쪽 획을 씁니다.

예 8급 山 메   산 : 山부 총 3획 → 丨 凵 山

8급 小 작을   소 : 小부 총 3획 → 亅 小 小

7급 少 적을   소 : 小부 총 4획 → 亅 小 小 少

7급 出 날   출 : 凵부 총 5획 → 丨 屮 屮 出 出

6급 永 길   영 : 水부 총 5획 → ` 亅 氵 永 永

---

07 글자 전체를 꿰뚫고 지나는 획은 맨 나중에 씁니다.

예 8급 母 어미   모 : 毋부 총 5획 → 𠃌 𠃌 母 母 母

8급 中 가운데 중 : 丨부 총 4획 → 丨 冂 口 中

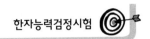

시험에 꼭! 출제되는 꾸러미

7Ⅱ 車 수레 거/차 : 車부 총 7획 → 一 厂 厅 亘 百 車 車

7Ⅱ 事 일 사 : 亅부 총 8획 → 一 一 厅 百 写 写 写 事

7Ⅱ 海 바다 해 : 水부 총10획 → 丶 丶 氵 汇 洴 海 海 海 海

08 글자의 오른쪽 위에 있는 점은 맨 나중에 씁니다.

예 6Ⅱ 代 대신할 대 : 人부 총 5획 → 丿 亻 仁 代 代

6Ⅱ 成 이룰 성 : 戈부 총 7획 → 丿 厂 厂 万 成 成 成

6급 式 법 식 : 弋부 총 6획 → 一 二 干 于 式 式

6Ⅱ 戰 싸움 전 : 戈부 총16획 → 丶 丨 口 口 甲 甲 胃 閂 閂 閂 單 單 單 戰 戰 戰

5Ⅱ 識 알 식 : 言부 총19획 → 丶 亠 言 言 言 言 言 言 訂 訊 訊 訊 訊 訊 識 識 識

※ 주의! 받침 '辶'은 '辶'과 같은 글자입니다.

09 '走'자와 같은 받침이 있는 글자는 받침[走]을 먼저 씁니다.

예 4Ⅱ 起 일어날 기 : 走부 총10획 → 一 十 土 丰 走 走 起 起 起

10 '辶, 辶'와 같은 받침이 있는 글자는 받침[辶, 辶]을 나중에 씁니다.

예 7Ⅱ 道 길 도 : 辶부 총13획 → 丶 丷 丷 꼳 产 产 首 首 首 道 道 道

6급 近 가까울 근 : 辶부 총 8획 → 丿 厂 斤 斤 近 近 近 近

6급 速 빠를 속 : 辶부 총11획 → 一 一 一 一 束 束 束 速 速 速

6급 遠 멀 원 : 辶부 총14획 → 一 十 士 圭 吉 声 声 声 袁 袁 遠 遠 遠

5급 建 세울 건 : 辶부 총 9획 → 丨 크 크 큭 클 書 建 建 建

상대자 · 반대자

두 개의 글자가 서로 상대, 또는 반대되는 뜻을 가진
한자를 말합니다.

강	강 7Ⅱ	江 ↔ 山	8급 메	산	강산	먼저	선 8급	先 ↔ 後	7Ⅱ 뒤	후	선후
가르칠	교 8급	敎 ↔ 學	8급 배울	학	교학	손	수 7Ⅱ	手 ↔ 足	7Ⅱ 발	족	수족
사내	남 7Ⅱ	男 ↔ 女	8급 계집	녀	남녀	날	일 8급	日 ↔ 月	8급 달	월	일월
남녘	남 8급	南 ↔ 北	8급 북녘	북	남북	아들	자 7Ⅱ	子 ↔ 女	8급 계집	녀	자녀
안	내 7Ⅱ	內 ↔ 外	8급 바깥	외	내외	앞	전 7Ⅱ	前 ↔ 後	7Ⅱ 뒤	후	전후
큰	대 8급	大 ↔ 小	8급 작을	소	대소	왼	좌 7Ⅱ	左 ↔ 右	7Ⅱ 오른	우	좌우
동녘	동 8급	東 ↔ 西	8급 서녘	서	동서	가운데	중 8급	中 ↔ 外	8급 바깥	외	중외
늙을	로 7급	老 ↔ 少	7급 적을	소	노소	하늘	천 7급	天 ↔ 人	8급 사람	인	천인
어미	모 8급	母 ↔ 子	7Ⅱ 아들	자	모자	하늘	천 7급	天 ↔ 地	7급 땅[따]	지	천지
물을	문 7급	問 ↔ 答	7Ⅱ 대답	답	문답	봄	춘 7급	春 ↔ 秋	7급 가을	추	춘추
물건	물 7Ⅱ	物 ↔ 心	7급 마음	심	물심	날	출 7급	出 ↔ 入	7급 들	입	출입
아비	부 8급	父 ↔ 母	8급 어미	모	부모	여름	하 7급	夏 ↔ 冬	7급 겨울	동	하동
아비	부 8급	父 ↔ 子	7Ⅱ 아들	자	부자	배울	학 8급	學 ↔ 問	7급 물을	문	학문
메	산 8급	山 ↔ 川	7급 내	천	산천	바다	해 7Ⅱ	海 ↔ 空	7Ⅱ 빌	공	해공
메	산 8급	山 ↔ 海	7Ⅱ 바다	해	산해	형	형 8급	兄 ↔ 弟	8급 아우	제	형제
윗	상 7Ⅱ	上 ↔ 下	7Ⅱ 아래	하	상하	불	화 8급	火 ↔ 水	8급 물	수	화수

유의자

두 개의 글자가 서로 뜻이 비슷하고 대등한 뜻을 가진 한자를 말합니다.

집 가 7Ⅱ 家 – 室 8급 집	실	가실	
골 동 7급 洞 – 里 7급 마을	리	동리	
한가지 동 7급 同 – 一 8급 한	일	동일	
모 방 7Ⅱ 方 – 道 7Ⅱ 길	도	방도	
모 방 7Ⅱ 方 – 正 7Ⅱ 바를	정	방정	
셈 산 7급 算 – 數 7급 셈	수	산수	
날 생 8급 生 – 活 7Ⅱ 살	활	생활	

바를 정 7Ⅱ 正 – 直 7Ⅱ 곧을	직	정직	
마을 촌 7급 村 – 里 7급 마을	리	촌리	
날 출 7급 出 – 生 8급 날	생	출생	
흙 토 8급 土 – 地 7급 땅[따]	지	토지	
편할 편 7급 便 – 安 7Ⅱ 편안	안	편안	
평평할 평 7Ⅱ 平 – 安 7Ⅱ 편안	안	편안	

혼동하기 쉬운 한자

서로 글자의 모양이 비슷하여 혼동하기 쉬운 한자를 말합니다.

가르칠 교 教 ≠ 校 학교	교		
아홉 구 九 ≠ 力 힘	력		
군사 군 軍 ≠ 車 수레	거/차		
쇠 금 金 ≠ 全 온전	전		
큰 대 大 ≠ 太 클	태		

동녘 동 東 ≠ 束 묶을	속		
어미 모 母 ≠ 每 매양	매		
나무 목 木 ≠ 水 물	수		
백성 민 民 ≠ 氏 각시	씨		
흰 백 白 ≠ 百 일백	백		

아비	부 父 ≠ 交 사귈	교
북녘	북 北 ≠ 比 견줄	비
넉	사 四 ≠ 西 서녘	서
메	산 山 ≠ 出 날	출
먼저	선 先 ≠ 光 빛	광
작을	소 小 ≠ 少 적을	소
임금	왕 王 ≠ 玉 구슬	옥
임금	왕 王 ≠ 主 임금/주인	주
사람	인 人 ≠ 入 들	입
날	일 日 ≠ 曰 가로	왈
긴	장 長 ≠ 辰 별	진/신
아우	제 弟 ≠ 第 차례	제
가운데	중 中 ≠ 申 납	신
일곱	칠 七 ≠ 匕 비수	비
흙	토 土 ≠ 士 선비	사
여덟	팔 八 ≠ 人 사람	인
기	기 旗 ≠ 族 겨레	족
안	내 內 ≠ 丙 남녘	병

농사	농 農 ≠ 晨 새벽	신
오를	등 登 ≠ 發 필	발
늙을	로 老 ≠ 孝 효도	효
이름	명 名 ≠ 各 각각	각
물을	문 問 ≠ 聞 들을	문
지아비	부 夫 ≠ 天 하늘	천
아닐	불 不 ≠ 下 아래	하
윗	상 上 ≠ 土 흙	토
빛	색 色 ≠ 邑 고을	읍
손	수 手 ≠ 毛 털	모
저자	시 市 ≠ 巾 수건	건
말씀	어 語 ≠ 話 말씀	화
낮	오 午 ≠ 牛 소	우
오른	우 右 ≠ 左 왼	좌
살	주 住 ≠ 注 부을	주
무거울	중 重 ≠ 里 마을	리
일천	천 千 ≠ 干 방패	간
편할	편 便 ≠ 使 하여금	사

(사) **한국어문회** 주관

한자능력 검정시험

예상문제 **7**급

▷ 1회 ~ 10회

정답과 해설은 93 ~ 107쪽에 있습니다.

01회

한자능력검정시험 7급
예상문제

(사) 한국어문회 주관	
합격문항	49문항
시험시간	50분
정 답	93쪽

01 다음 밑줄 친 漢字語한자어의 讀音독음을 쓰세요.
01~32번

|보기|

父女 - [부녀]

01 방 안에는 남녀 <u>五六</u> 명이 있었습니다.
.... [   ]

02 그는 <u>江東</u> 땅에서 의병을 일으켰습니다.
.... [   ]

03 좋은 <u>文學</u>작품은 많은 교훈을 줍니다.
.... [   ]

04 그는 팔순 <u>老母</u>를 봉양하며 살았습니다.
.... [   ]

05 모두들 <u>邑長</u>의 뜻에 찬성하였습니다.
.... [   ]

06 봄에 <u>育林</u>사업을 하였습니다.
.... [   ]

07 서울과 <u>春川</u> 사이에 고속도로가 열렸습
니다. .... [   ]

08 그가 <u>孝子</u>라는 소문이 자자합니다.
.... [   ]

09 그의 노래 솜씨는 <u>歌手</u> 못지않았습니다.
.... [   ]

10 새로 이사한 집은 교통이 <u>不便</u>합니다.
.... [   ]

11 수요일에는 <u>午前</u> 수업만 합니다.
.... [   ]

12 부모님은 <u>休日</u>마다 등산을 합니다.
.... [   ]

13 적장은 <u>白旗</u>를 들고 항복하였습니다.
.... [   ]

14 왕은 세자에게 <u>王道</u>를 가르쳤습니다.
.... [   ]

15 폭설로 차량 통행이 <u>全面</u> 중단되었습니다.
.... [   ]

16 이 작품은 <u>月出</u> 광경을 사실적으로 묘사
하였습니다. .... [   ]

17 동생은 잘못을 뉘우치는 <u>氣色</u>이 없었습
니다. .... [   ]

18 우리나라는 천연자원이 <u>不足</u>합니다.
.... [   ]

19 우리 학교 **校花**는 '국화'입니다.

………………… [   ]

20 영국은 대서양과 **北海** 사이에 있습니다.

………………… [   ]

21 주말에 **國立**도서관에 갔습니다.

………………… [   ]

22 다은이는 **秋夕**빔을 곱게 차려 입었습니다.

………………… [   ]

23 오늘 **算數** 시간에 구구단을 배웠습니다.

………………… [   ]

24 의암댐에는 **水力** 발전소가 설치되어 있습
니다. ………………… [   ]

25 형은 올해 **大入**시험을 치렀습니다.

………………… [   ]

26 서로 **姓名**을 주고받았습니다.

………………… [   ]

27 옛날, **內堂**에는 함부로 출입할 수 없었
습니다. ………………… [   ]

28 태풍 때문에 **農家**들이 큰 피해를 입었
습니다. ………………… [   ]

29 아침마다 부모님께 **問安**을 드립니다.

………………… [   ]

30 화살이 과녁에 **命中**되었습니다.

………………… [   ]

31 바다에서 사는 **生物**을 분류해 보았습니다.

………………… [   ]

32 몸이 아프니 **萬事**가 귀찮았습니다.

………………… [   ]

02 다음 밑줄 친 구절의 뜻에 가장 가까운 漢字語
한자어를 |보기|에서 골라 그 번호를 쓰세요.
33~34번

|보기|
① 內漢   ② 來韓   ③ 小中   ④ 所重

33 시간을 **매우 귀중하게** 여겨야 합니다.

………………… [   ]

34 여러 나라의 정치인들이 **한국에 왔습니다.**

………………… [   ]

03 다음 |보기|와 같이 漢字의 訓훈과 音음을
쓰세요.   35~54번

|보기|
音 - [소리 음]

35 話 [   ]   36 住 [   ]

37 空 [   ]   38 紙 [   ]

39 然 [　　　　] **40** 村 [　　　　]

41 祖 [　　　　] **42** 方 [　　　　]

43 軍 [　　　　] **44** 市 [　　　　]

45 室 [　　　　] **46** 活 [　　　　]

47 記 [　　　　] **48** 字 [　　　　]

49 電 [　　　　] **50** 動 [　　　　]

51 世 [　　　　] **52** 里 [　　　　]

53 每 [　　　　] **54** 植 [　　　　]

---

04 다음 訓훈과 音음에 알맞은 한자를 |보기|에서 골라 그 번호를 쓰세요. 55~64번

|보기|
① 草　② 直　③ 工　④ 漢　⑤ 千
⑥ 弟　⑦ 右　⑧ 寸　⑨ 正　⑩ 洞

55 마디 촌 [　　　] **56** 골 동 [　　　]

57 한수 한 [　　　] **58** 아우 제 [　　　]

59 곧을 직 [　　　] **60** 풀 초 [　　　]

61 장인 공 [　　　] **62** 일천 천 [　　　]

63 바를 정 [　　　] **64** 오른 우 [　　　]

---

05 다음 漢字한자의 상대, 또는 반대되는 漢字한자를 |보기|에서 골라 그 번호를 쓰세요.
65~66번

|보기|
① 夫　② 右　③ 天　④ 小

65 [　　　] ↔ 地 **66** 左 ↔ [　　　]

---

06 다음 漢字語한자어의 뜻을 쓰세요. 67~68번

67 植木 : [　　　　　　　]

68 下車 : [　　　　　　　]

---

07 다음 한자漢字의 색이 다른 획은 몇 번째 쓰는지 |보기|에서 찾아 그 번호를 쓰세요.
69~70번

|보기|
① 첫 번째　② 두 번째　③ 세 번째
④ 네 번째　⑤ 다섯 번째　⑥ 여섯 번째
⑦ 일곱 번째　⑧ 여덟 번째

69 ………… [　　　]

70 ………… [　　　]

02회

한자능력검정시험 7급
예상문제

(사) 한국어문회 주관	
합격문항	49문항
시험시간	50분
정 답	94쪽

01 다음 밑줄 친 漢字語한자어의 讀音독음을 쓰세요.

01~32번

| 보기

父母 - [부모]

01 모처럼 온 가족이 모여 **食事**를 합니다.

………………… [   ]

02 오늘은 평소보다 일찍 **登校**하였습니다.

………………… [   ]

03 "**休紙**를 함부로 버리면 못쓴다."

………………… [   ]

04 종갓집 형은 저와 **寸數**가 가깝습니다.

………………… [   ]

05 우리 **祖上**은 대대로 서울에서 살았습니다.

………………… [   ]

06 방학 동안 **全國** 각지를 여행하였습니다.

………………… [   ]

07 어머니를 따라 **市場**에 갔습니다.

………………… [   ]

08 난로가에는 **火氣**가 훈훈하였습니다.

………………… [   ]

09 봄은 **萬物**이 소생하는 계절입니다.

………………… [   ]

10 오랜만에 **同門**을 만났습니다.

………………… [   ]

11 놀다보니 **時間** 가는 줄 몰랐습니다.

………………… [   ]

12 낚싯대를 **水草** 틈에 드리웠습니다.

………………… [   ]

13 김씨네 셋째 딸은 **孝女**입니다.

………………… [   ]

14 삼촌은 서울에서 **出世**하였습니다.

………………… [   ]

15 사람들은 **里長**의 의견을 따랐습니다.

………………… [   ]

16 두 사람은 **手話**로 생각을 주고받았습니다. ………………… [   ]

17 민족 **自力**으로 독립운동을 하였습니다.

………………… [   ]

18 "준비가 다 된 **然後**에 떠나라."

………………… [   ]

19 시험지를 <u>正答</u>과 맞추어 보았습니다.

· · · · · · · · · · · · · · · · · · · [   ]

20 그녀는 <u>男便</u>을 기다렸습니다.

· · · · · · · · · · · · · · · · · · · [   ]

21 방학 동안 봉사<u>活動</u>을 하였습니다.

· · · · · · · · · · · · · · · · · · · [   ]

22 군사들은 성을 <u>三重</u>으로 포위하였습니다.

· · · · · · · · · · · · · · · · · · · [   ]

23 현충일은 유월 <u>六日</u>입니다.

· · · · · · · · · · · · · · · · · · · [   ]

24 우리는 <u>東方</u>의 예의 바른 나라입니다.

· · · · · · · · · · · · · · · · · · · [   ]

25 새들은 <u>空中</u>을 자유롭게 날았습니다.

· · · · · · · · · · · · · · · · · · · [   ]

26 그는 <u>江村</u>에서 어부 생활을 하였습니다.

· · · · · · · · · · · · · · · · · · · [   ]

27 "선생님의 <u>春秋</u>가 어떻게 되십니까?"

· · · · · · · · · · · · · · · · · · · [   ]

28 서울에는 <u>南山</u>이 우뚝 솟아 있습니다.

· · · · · · · · · · · · · · · · · · · [   ]

29 "멀쩡한 <u>四足</u>을 가지고도 놀고 있다니!"

· · · · · · · · · · · · · · · · · · · [   ]

30 "잠들기 <u>直前</u>에 음식은 금물!"

· · · · · · · · · · · · · · · · · · · [   ]

31 나는 <u>國語</u>보다 산수를 더 좋아합니다.

· · · · · · · · · · · · · · · · · · · [   ]

32 일도 하기 전에 <u>先金</u>을 받았습니다.

· · · · · · · · · · · · · · · · · · · [   ]

02 다음 밑줄 친 구절의 뜻에 가장 가까운 漢字語한자어를 |보기|에서 골라 그 번호를 쓰세요.
33~34번

|보기|
① 百花　　② 白花　　③ 年下　　④ 小生

33 화창한 봄 날씨에 **온갖 꽃**이 활짝 피었습니다. · · · · · · · · · [   ]

34 누나는 자신보다 **나이가 적은** 남자와 결혼하였습니다. · · · · · · [   ]

03 다음 |보기|와 같이 漢字의 訓훈과 音음을 쓰세요.
35~54번

|보기|
月 - [달　월]

35 軍 [   ]　36 植 [   ]

37 北 [   ]　38 旗 [   ]

39 韓 [　　　　] 　 40 平 [　　　　]

41 洞 [　　　　] 　 42 室 [　　　　]

43 海 [　　　　] 　 44 敎 [　　　　]

45 文 [　　　　] 　 46 面 [　　　　]

47 地 [　　　　] 　 48 所 [　　　　]

49 靑 [　　　　] 　 50 農 [　　　　]

51 左 [　　　　] 　 52 歌 [　　　　]

53 主 [　　　　] 　 54 紙 [　　　　]

04 다음 訓훈과 音음에 알맞은 한자를 |보기|에서 골라 그 번호를 쓰세요. 　　55~64번

|보기|
① 色　　② 午　　③ 問　　④ 算　　⑤ 外
⑥ 白　　⑦ 千　　⑧ 每　　⑨ 育　　⑩ 右

55 바깥 외 [　　　] 　 56 셈　산 [　　　]

57 오른 우 [　　　] 　 58 빛　색 [　　　]

59 물을 문 [　　　] 　 60 낮　오 [　　　]

61 기를 육 [　　　] 　 62 흰　백 [　　　]

63 일천 천 [　　　] 　 64 매양 매 [　　　]

05 다음 漢字한자의 상대, 또는 반대되는 漢字한자를 |보기|에서 골라 그 번호를 쓰세요. 　　65~66번

|보기|
① 老　　② 第　　③ 全　　④ 弟

65 兄 ↔ [　　　] 　 66 [　　　] ↔ 少

06 다음 漢字語한자어의 뜻을 쓰세요. 　67~68번

67 外祖 : [　　　　　　　　]

68 記入 : [　　　　　　　　]

07 다음 한자漢字의 색이 다른 획은 몇 번째 쓰는지 |보기|에서 찾아 그 번호를 쓰세요. 　　69~70번

|보기|
① 첫 번째　　② 두 번째　　③ 세 번째
④ 네 번째　　⑤ 다섯 번째　　⑥ 여섯 번째
⑦ 일곱 번째　　⑧ 여덟 번째

69 民 ………… [　　　]

70 直 ………… [　　　]

03회 한자능력검정시험 7급
예상문제

(사) 한국어문회 주관	
합격문항	49문항
시험시간	50분
정 답	96쪽

01 다음 밑줄 친 漢字語한자어의 讀音독음을 쓰세요.

01~32번

| 보기

父母 - [부모]

01 가까이 다가서자 문이 自動으로 열렸습니다. ············ [   ]

02 그 배우는 內面 연기가 뛰어났습니다.
············ [   ]

03 우리나라를 찾은 외국인들은 韓國 음식을 즐겨 먹습니다. ······ [   ]

04 전철은 漢江을 가로질러 달렸습니다.
············ [   ]

05 車道를 건널 때는 항상 조심해야 합니다.
············ [   ]

06 경기를 마친 선수들은 지쳐서 大字로 눕고 말았습니다. ··· [   ]

07 신청서에 姓名을 한자로 적었습니다.
············ [   ]

08 우리 先祖들의 뜻을 되새겼습니다.
············ [   ]

09 각지에서 民間단체의 구호품이 도착했습니다. ············ [   ]

10 입대한 형에게 便紙를 썼습니다.
············ [   ]

11 민후는 집안의 대를 이을 長男입니다.
············ [   ]

12 오늘 夕食은 비빔밥입니다.
············ [   ]

13 전기자동차를 海外로 수출하였습니다.
············ [   ]

14 간호사는 每時 혈압을 쟀습니다.
············ [   ]

15 그는 험한 世事에 시달렸습니다.
············ [   ]

16 기차에서 天安명물 호두과자를 사 먹었습니다. ············ [   ]

17 동네 父老에게 세배를 드렸습니다.
············ [   ]

18 인구가 千萬을 넘었습니다.
············ [   ]

19 서울의 **南村**으로 이사하였습니다.

　　············ [　　　　　]

20 봉투 겉면에 **住所**를 썼습니다.

　　············ [　　　　　]

21 황무지를 **農地**로 만들었습니다.

　　············ [　　　　　]

22 내 키는 **前年**도보다 10센티미터나 자랐습니다. ············ [　　　　　]

23 공원에 **花林**을 만들었습니다.

　　············ [　　　　　]

24 도서관에서는 **學生**들이 책을 읽고 있었습니다. ············ [　　　　　]

25 선수단은 **旗手**를 앞세우고 입장하였습니다. ············ [　　　　　]

26 줄다리기에서 **靑軍**이 이겼습니다.

　　············ [　　　　　]

27 그곳은 **山川**의 경치가 아름답습니다.

　　············ [　　　　　]

28 외국의 **文物**을 들여왔습니다.

　　············ [　　　　　]

29 "저분이 국장님의 **夫人**이십니다."

　　············ [　　　　　]

30 소나무 열 그루를 **植木**했습니다.

　　············ [　　　　　]

31 군인은 **直立** 자세로 서 있었습니다.

　　············ [　　　　　]

32 모두들 **活力**이 넘쳤습니다.

　　············ [　　　　　]

02 다음 밑줄 친 구절의 뜻에 가장 가까운 漢字語 한자어를 |보기|에서 골라 그 번호를 쓰세요.
　　　　　　　　　　　　　　33~34번

|보기|
① 算數　② 家內　③ 心算　④ 下校

33 오늘은 오전에 **학교에서 집으로 돌아왔습니다**. ··········· [　　　　　]

34 "무슨 **속셈**으로 우리들을 불러냈을까?"

　　············ [　　　　　]

03 다음 |보기|와 같이 漢字의 訓훈과 音음을 쓰세요.
　　　　　　　　　　　　　　35~54번

|보기|
一 - [한　일]

35 左 [　　　　] 　36 然 [　　　　]

37 工 [　　　　] 　38 電 [　　　　]

39 命 [　　　]　40 後 [　　　]

41 場 [　　　]　42 有 [　　　]

43 重 [　　　]　44 市 [　　　]

45 育 [　　　]　46 全 [　　　]

47 弟 [　　　]　48 登 [　　　]

49 秋 [　　　]　50 洞 [　　　]

51 母 [　　　]　52 小 [　　　]

53 語 [　　　]　54 冬 [　　　]

05 뜻이 서로 반대되는 글자를 |보기|에서 골라 그 번호를 쓰세요.　　65~66번

|보기|
① 答　　② 少　　③ 女　　④ 邑

65 男 ↔ [　　　]　66 問 ↔ [　　　]

06 다음 漢字語한자어의 뜻을 쓰세요.　67~68번

67 出口 : [　　　　　　]

68 金色 : [　　　　　　]

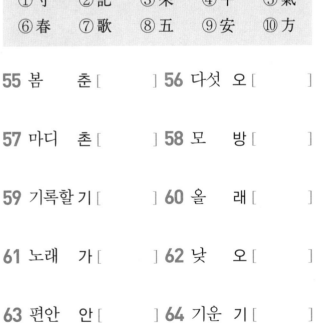

04 다음 訓훈과 音음에 알맞은 한자를 |보기|에서 골라 그 번호를 쓰세요.　55~64번

|보기|
① 寸　② 記　③ 來　④ 午　⑤ 氣
⑥ 春　⑦ 歌　⑧ 五　⑨ 安　⑩ 方

55 봄　춘 [　　]　56 다섯 오 [　　]

57 마디 촌 [　　]　58 모　　방 [　　]

59 기록할 기 [　]　60 올　　래 [　　]

61 노래　가 [　]　62 낮　　오 [　　]

63 편안　안 [　]　64 기운 기 [　　]

07 다음 한자漢字의 색이 다른 획은 몇 번째 쓰는지 |보기|에서 찾아 그 번호를 쓰세요.　69~70번

|보기|
① 첫 번째　　② 두 번째　　③ 세 번째
④ 네 번째　　⑤ 다섯 번째　⑥ 여섯 번째

69 平 ……… [　　　]

70 北 ……… [　　　]

01 다음 밑줄 친 漢字語한자어의 讀音독음을 쓰세요.
01~32번

|보기|

母女 - [모녀]

01 가장 큰 죄는 **不孝**입니다.
.... [   ]

02 어머니 말씀이 **大門** 밖까지 들립니다.
.... [   ]

03 아람이는 스스로 **工夫**를 합니다.
.... [   ]

04 그는 많은 **手下**를 거느리고 있었습니다.
.... [   ]

05 친구에게 **電話**로 소식을 전하였습니다.
.... [   ]

06 **洞口** 밖에 과수원이 있습니다.
.... [   ]

07 꿈속에서 별나라 **王子**가 되었습니다.
.... [   ]

08 방과 후, **敎室** 청소를 합니다.
.... [   ]

09 운동장에 **國旗**가 펄럭입니다.
.... [   ]

10 선현이와 정직이는 **四寸** 간입니다.
.... [   ]

11 누나는 **來年**에 중학생이 됩니다.
.... [   ]

12 이곳은 우리 **祖上** 대대로 살아온 곳입니다. .... [   ]

13 말을 타고 넓은 **平地**를 달렸습니다.
.... [   ]

14 우리 고장은 **家內**공업이 활발합니다.
.... [   ]

15 세계**力道**대회에서 금메달을 땄습니다.
.... [   ]

16 신문에 우리 학교에 대한 **記事**가 실렸습니다. .... [   ]

17 **人間**은 사회적 동물입니다.
.... [   ]

18 야생동물의 **生活**을 관찰하였습니다.
.... [   ]

19 새댁은 **男便**에게 공손하였습니다.
  .... [   ]

20 오랜만에 친구에게 **便紙**를 씁니다.
  .... [   ]

21 5개의 **邑面**이 분리되었습니다.
  .... [   ]

22 두 형제는 **農土**를 일구었습니다.
  .... [   ]

23 견우와 직녀는 칠월 **七夕**에 한 번 만납니다.
  .... [   ]

24 '삼짇날에 **江南** 갔던 제비가 돌아온다.'고
  합니다. .... [   ]

25 약간의 **空白**을 두고 글을 쓰는 것이 좋습
  니다. .... [   ]

26 양념한 고기를 **火食**하였습니다.
  .... [   ]

27 나아가기에 앞서 **前後**를 살폈습니다.
  .... [   ]

28 논에 **水車**로 물을 대었습니다.
  .... [   ]

29 설날에 **世父**께 세배를 드렸습니다.
  .... [   ]

30 뉴턴은 **萬有**인력의 법칙을 발견하였습
  니다. .... [   ]

31 "너의 대답이 **名答**이구나!"
  .... [   ]

32 날씨가 **登山**하기에 좋았습니다.
  .... [   ]

02 다음 밑줄 친 구절의 뜻에 가장 가까운 漢字語한자어를 |보기|에서 골라 그 번호를 쓰세요.
33~34번

|보기|
① 入學   ② 立學   ③ 不正   ④ 不直

33 그는 **올바르지 않은** 행위를 반성했습니다.
  .... [   ]

34 형은 올해 **중학교에 들어갔습니다.**
  .... [   ]

03 다음 |보기|와 같이 漢字의 訓훈과 音음을 쓰세요.
35~54번

|보기|
里 – [마을 리]

35 全 [   ] 36 弟 [   ]

37 姓 [   ] 38 海 [   ]

39 住 [　　　　] 　 40 足 [　　　　]

41 重 [　　　　] 　 42 休 [　　　　]

43 花 [　　　　] 　 44 東 [　　　　]

45 老 [　　　　] 　 46 夏 [　　　　]

47 色 [　　　　] 　 48 冬 [　　　　]

49 立 [　　　　] 　 50 少 [　　　　]

51 動 [　　　　] 　 52 時 [　　　　]

53 場 [　　　　] 　 54 自 [　　　　]

05 뜻이 서로 반대되는 글자를 |보기|에서 골라 그 번호를 쓰세요.　　65〜66번

|보기|
① 天　　② 月　　③ 入　　④ 八

65 日 ↔ [　　　] 　 66 出 ↔ [　　　]

06 다음 漢字語한자어의 뜻을 쓰세요.　67〜68번

67 市長 : [　　　　　　　　]

68 育林 : [　　　　　　　　]

04 다음 訓훈과 音음에 알맞은 한자를 |보기| 에서 골라 그 번호를 쓰세요.　55〜64번

|보기|
① 方　② 歌　③ 千　④ 同　⑤ 左
⑥ 植　⑦ 主　⑧ 春　⑨ 命　⑩ 然

55 노래 가 [　　] 　 56 주인 주 [　　]

57 목숨 명 [　　] 　 58 모　방 [　　]

59 심을 식 [　　] 　 60 한가지동 [　　]

61 왼　좌 [　　] 　 62 그럴 연 [　　]

63 일천 천 [　　] 　 64 봄　춘 [　　]

07 다음 한자漢字의 색이 다른 획은 몇 번째 쓰는지 |보기|에서 찾아 그 번호를 쓰세요.　69〜70번

|보기|
① 첫 번째　　② 두 번째　　③ 세 번째
④ 네 번째　　⑤ 다섯 번째　⑥ 여섯 번째
⑦ 일곱 번째　⑧ 여덟 번째　⑨ 아홉 번째

69 ……… [　　　　]

70 ……… [　　　　]

05회
한자능력검정시험 7급
예상문제

(사) 한국어문회 주관	
합격문항	49문항
시험시간	50분
정 답	99쪽

01 다음 밑줄 친 말의 뜻과 같은 한자어를 |보기|에서 골라 그 번호를 쓰세요. 01~05번

보기
① 生一 ② 靑天 ③ 東日 ④ 百花 ⑤ 春秋 ⑥ 生日 ⑦ 東海 ⑧ 靑夫

01 **봄과 가을**에는 소풍을 갑니다.

············ [   ]

02 **푸른 하늘**에는 구름 한 점 없어요.

············ [   ]

03 봄이 오니 **온갖 꽃**이 만발하였습니다.

············ [   ]

04 4월 1일은 선본이가 **태어난 날**입니다.

············ [   ]

05 해가 **동쪽 바다**에서 솟아오릅니다.

············ [   ]

02 다음 [   ] 안에 공통으로 들어갈 알맞은 한자를 |보기|에서 골라 그 번호를 쓰세요. 06~10번

보기
① 命 ② 工 ③ 韓 ④ 國 ⑤ 姓 ⑥ 空 ⑦ 漢 ⑧ 名

06 [   ] 軍, 上 [   ] …… [   ]

07 [   ] 名, 百 [   ] …… [   ]

08 [   ] 山, 萬 [   ] …… [   ]

09 [   ] 江, 北 [   ] 山 … [   ]

10 [   ] 立, 出 [   ] …… [   ]

03 다음 밑줄 친 漢字語한자어의 讀音독음을 쓰세요. 11~30번

보기
父母 - [부모]

11 어린이 교통**安全** 교육장을 견학하였습니다. ············ [   ]

12 생소나무 가지를 꺾어다 **門間**에 매달면 병이 들지 않는다는 풍습이 있습니다.

············ [   ]

13 입학원서를 **登記**로 보냈습니다.

············ [   ]

14 시간이 없어서 **夕食**으로 패스트푸드를 준비하였습니다. ············ [   ]

15 기침이 심해서 1校時를 마치고 조퇴하였
   습니다. ·············· [   ]

16 教育의 기회는 모든 사람에게 공평해야
   합니다. ·············· [   ]

17 내일 午前에 육상경기가 열립니다.
   ·························· [   ]

18 할아버지는 황무지에 農場을 만들었습
   니다. ·············· [   ]

19 전시관에는 北韓 잠수정이 전시되어 있었
   습니다. ·············· [   ]

20 시인은 事物의 모습을 생기 넘치게 표현
   하였습니다. ············ [   ]

21 허리가 휘어버린 村老는 다가오는 버스를
   물끄러미 바라보았습니다.
   ·························· [   ]

22 그의 답안지는 장원급제에 不足함이 없었
   습니다. ·············· [   ]

23 그는 김영감의 長女를 아내로 맞이하였습
   니다. ·············· [   ]

24 창을 열고 실내 空氣를 갈았습니다.
   ·························· [   ]

25 최부자는 자기 所有의 농지를 나누어 주
   었습니다. ············ [   ]

26 붉은 비단 바탕에 金色으로 수를 놓았습
   니다. ·············· [   ]

27 "승무원의 안내에 따라 천천히 下車해
   주시기 바랍니다." ·· [   ]

28 사람들은 그의 작품을 外面하였습니다.
   ·························· [   ]

29 어머니는 취미로 花草를 가꿉니다.
   ·························· [   ]

30 그의 연설을 듣기 위해 광장에 數萬의
   군중이 모였습니다. ·· [   ]

04 다음 |보기|와 같이 漢字의 訓훈과 音음을
    쓰세요.   31~48번

|보기|

音 - [소리 음]

31 旗 [   ]   32 算 [   ]

33 來 [   ]   34 休 [   ]

35 問 [   ]   36 室 [   ]

37 道 [   ]   38 手 [   ]

39 市 [   ]   40 主 [   ]

41 植 [   ]   42 紙 [   ]

43 林 [   ]   44 話 [   ]

45 住 [   ]   46 文 [   ]

47 直 [   ]   48 西 [   ]

05 다음 訓훈과 音음에 알맞은 한자를 |보기|에서 골라 그 번호를 쓰세요. 49~58번

|보기|
| ①內 | ②重 | ③民 | ④語 | ⑤電 |
| ⑥活 | ⑦洞 | ⑧動 | ⑨祖 | ⑩然 |

49 골 동 [   ] 50 그럴 연 [   ]

51 무거울 중 [   ] 52 안   내 [   ]

53 번개 전 [   ] 54 백성 민 [   ]

55 할아비 조 [   ] 56 말씀 어 [   ]

57 움직일 동 [   ] 58 살   활 [   ]

06 다음 漢字語한자어의 뜻을 쓰세요. 59~60번

59 나무를 팔러 오는 나무꾼들이 四方에서 모여들었습니다.

: [   ]

60 할머니는 군대에 간 三寸이 무사히 돌아오기를 빌었습니다.

: [   ]

07 다음 한자漢字의 색이 다른 획은 몇 번째 쓰는지 |보기|에서 찾아 그 번호를 쓰세요. 61~62번

|보기|
| ① 첫 번째 | ② 두 번째 | ③ 세 번째 |
| ④ 네 번째 | ⑤ 다섯 번째 | ⑥ 여섯 번째 |

61 地 .... [   ]

62 出 .... [   ]

08 뜻이 서로 반대되는 한자를 |보기|에서 골라 그 번호를 쓰세요. 63~66번

|보기|
| ①後 | ②北 | ③山 | ④冬 |

63 南 ↔ [   ] 64 夏 ↔ [   ]

65 江 ↔ [   ] 66 先 ↔ [   ]

09 다음 낱말의 뜻에 알맞은 漢字語를 |보기|에서 골라 그 번호를 쓰세요. 67~70번

|보기|
| ①每日 | ②正答 | ③每年 | ④家事 |

67 날마다 [   ] 68 집안 일 [   ]

69 해마다 [   ] 70 옳은 답 [   ]

06회

한자능력검정시험 **7**급
예상문제

(사) 한국어문회 주관	
합격문항	49문항
시험시간	50분
정 답	100쪽

01 다음 漢字語한자어의 讀音독음을 쓰세요.

01~32번

|보기|

漢字 - [한자]

01 年老 [   ] 02 下車 [   ]

03 休校 [   ] 04 重大 [   ]

05 入學 [   ] 06 寸紙 [   ]

07 立冬 [   ] 08 數千 [   ]

09 所長 [   ] 10 道力 [   ]

11 左便 [   ] 12 十里 [   ]

13 算出 [   ] 14 白旗 [   ]

15 民間 [   ] 16 文章 [   ]

17 外家 [   ] 18 植木 [   ]

19 北方 [   ] 20 登場 [   ]

21 空中 [   ] 22 動天 [   ]

23 主色 [   ] 24 江海 [   ]

25 同門 [   ] 26 萬全 [   ]

27 六月 [   ] 28 活氣 [   ]

29 上午 [   ] 30 洞內 [   ]

31 手記 [   ] 32 花林 [   ]

02 다음 漢字의 訓훈과 音음을 쓰세요. 33~52번

|보기|

字 - [글자 자]

33 每 [   ] 34 自 [   ]

35 村 [   ] 36 夕 [   ]

37 安 [   ] 38 工 [   ]

39 育 [   ] 40 夏 [   ]

41 弟 [　　　　　　] 42 世 [　　　　　　]

43 金 [　　　　　　] 44 話 [　　　　　　]

45 市 [　　　　　　] 46 答 [　　　　　　]

47 教 [　　　　　　] 48 農 [　　　　　　]

49 夫 [　　　　　　] 50 室 [　　　　　　]

51 靑 [　　　　　　] 52 平 [　　　　　　]

03 다음 한자와 상대, 또는 반대되는 한자를 |보기| 에서 골라 그 번호를 쓰세요. 　　53~54번

|보기|
| ①春 | ②不 | ③南 | ④前 |

53 [　　　] ↔ 後　54 [　　　] ↔ 秋

04 다음 漢字語의 뜻을 쓰세요. 　　55~56번

55 일자리가 **不足**해서 취직하기가 하늘의 별 따기라고 합니다.

: [　　　　　　　　　　　　　　　　]

56 세계 각국에서 많은 선수단을 이끌고 **來韓** 하였습니다.

: [　　　　　　　　　　　　　　　　]

05 다음 訓훈과 音음에 맞는 한자를 |보기|에서 골라 그 번호를 쓰세요. 　　57~64번

|보기|
| ①物 | ②命 | ③時 | ④姓 |
| ⑤面 | ⑥然 | ⑦問 | ⑧直 |

57 물건 물 [　　　] 58 성　성 [　　　]

59 물을 문 [　　　] 60 곧을 직 [　　　]

61 낯　면 [　　　] 62 목숨 명 [　　　]

63 그럴 연 [　　　] 64 때　시 [　　　]

06 다음 [　　　] 속에 들어갈 알맞은 漢字를 |보기| 에서 골라 그 번호를 쓰세요. 　　65~66번

|보기|
| ①正 | ②名 | ③有 | ④食 |

65 地 [　　　] : 지역 등의 이름.

66 草 [　　　] : 푸성귀나 풀만 먹음.

07 다음 밑줄 친 단어의 漢字語한자어를 |보기|
에서 골라 그 번호를 쓰세요. 67~68번

| 보기 |

① 里八   ② 二八   ③ 人山   ④ 入山

67 공연장은 관람객들로 **인산**인해를 이루었
습니다. ················ [   ]

68 '나이가 열여섯 살가량 된 젊은이'를 '**이팔**
청춘'이라고 합니다.

···························· [   ]

08 다음 한자漢字의 색이 다른 획은 몇 번째
쓰는지 |보기|에서 찾아 그 번호를 쓰세요.
69~70번

| 보기 |

① 첫 번째   ② 두 번째   ③ 세 번째
④ 네 번째   ⑤ 다섯 번째 ⑥ 여섯 번째

69  ·········· [   ]

70  ·········· [   ]

(사) 한국어문회 주관	
합격문항	49문항
시험시간	50분
정 답	102쪽

01 다음 밑줄 친 漢字語한자어의 讀音독음을 쓰세요.
01~32번

| 보기 |

父母 - [부모]

01 여름이 시작된다는 **立夏** 때가 되면 농작물이 자라기 시작합니다.
·············· [   ]

02 다섯 가지 물감을 각각 섞어 **間色**을 만들었습니다. ·············· [   ]

03 그곳은 **四面**이 산으로 둘러싸인 산골이었습니다. ·············· [   ]

04 그는 부모에게 **孝道**하고 동생을 사랑하였습니다. ·············· [   ]

05 오늘날 유전자**工學**은 최첨단을 향해 가고 있습니다. ·············· [   ]

06 낯선 사람이 다가오자 아이들은 **不安**해 하였습니다. ·············· [   ]

07 황사가 불어올 때는 **室內**에서 활동하는 것이 좋습니다. ······· [   ]

08 자연 박물관에서 각지에서 들여온 다양한 **外來** 식물을 관람하였습니다.
·············· [   ]

09 할아버지는 채소를 가득 실은 **手車**를 끌고 힘겹게 언덕을 올랐습니다.
·············· [   ]

10 선수들은 우승을 위해 **全力**을 다했습니다.
·············· [   ]

11 좋은 날을 맞아 모처럼 **食口**가 한자리에 모였습니다. ·········· [   ]

12 거센 바람에 **草家**지붕이 날아갈 것 같았습니다. ·············· [   ]

13 골목에서 **女子** 아이들이 고무줄놀이를 하고 있었습니다. ··· [   ]

14 그녀는 저녁이면 **男便**과 해변을 거닐다 오곤 하였습니다. ···· [   ]

15 전통문화 속에 간직되어 있는 **先祖**들의 지혜를 배워야 합니다.
·············· [   ]

16 넓은 바다에서 **天然**가스가 묻힌 곳을 발견하였습니다. ·········· [   ]

17 마을에서는 할아버지를 **年老**하신 어른으로 대접합니다. ··· [   ]

18 "너 스스로 네가 잘했는지를 **自問**해 보아라." ·············· [   ]

19 설레는 마음으로 약속 **場所**에 나갔습니다.
　　……………………… [　　　　]

20 출발선상에서 **靑旗**가 내려가면 달리기
시작합니다. ………… [　　　　]

21 제비가 흥부의 은혜를 갚기 위하여 **江南**
에서 박씨를 물고 왔습니다.
　　……………………… [　　　　]

22 올해는 **農事**가 잘되어서 이삭이 굵게
여물었습니다. ……… [　　　　]

23 컴퓨터는 인류의 **生活**에 커다란 변화를
가져왔습니다. ……… [　　　　]

24 구름을 타고 **空海**를 마음대로 날아다니는
꿈을 꾸었습니다. … [　　　　]

25 졸업식장에서 **校歌**를 불렀습니다.
　　……………………… [　　　　]

26 겨울이 지나고 봄바람이 불어오니 **萬物**이
소생합니다. ………… [　　　　]

27 민속마을에는 옛 **平民**들이 살던 흙집과
초가집 등이 있었습니다.
　　……………………… [　　　　]

28 그는 독립만세 시위를 **主動**하였습니다.
　　……………………… [　　　　]

29 우리 팀이 종료 **直前**에 골을 넣어 승리
하였습니다. ………… [　　　　]

30 시대별로 시인들의 **人名**을 찾아보았습
니다. ……………… [　　　　]

31 맡은 일에 **寸心**을 다하기로 하였습니다.
　　……………………… [　　　　]

32 형은 씩씩한 **國軍** 용사가 되어 돌아왔습
니다. ……………… [　　　　]

02 다음 漢字의 訓훈과 音음을 쓰세요. 　33~52번

|보기|
字 − [글자 자]

33 市 [　　　] 　34 休 [　　　]
35 土 [　　　] 　36 有 [　　　]
37 午 [　　　] 　38 語 [　　　]
39 電 [　　　] 　40 植 [　　　]
41 弟 [　　　] 　42 洞 [　　　]
43 西 [　　　] 　44 算 [　　　]
45 命 [　　　] 　46 村 [　　　]
47 登 [　　　] 　48 九 [　　　]
49 少 [　　　] 　50 文 [　　　]
51 每 [　　　] 　52 後 [　　　]

03 다음 밑줄 친 한자어의 뜻을 쓰세요.
　53~54번

53 잔치가 있을 때에는 음식 위에 **紙花**를
꽂는 풍습이 있었습니다.
　: [　　　　]

54 외국에 있는 <u>兄夫</u>와 화상 전화를 하였습니다.

: [   ]

04 다음 訓훈과 音음에 맞는 漢字를 |보기|에서 골라 그 번호를 쓰세요.   55~62번

|보기|

①右	②冬	③住	④長
⑤姓	⑥地	⑦里	⑧邑

55 살   주 [   ]   **56** 고을 읍 [   ]

57 겨울 동 [   ]   **58** 긴   장 [   ]

59 성   성 [   ]   **60** 땅[따] 지 [   ]

61 마을 리 [   ]   **62** 오른 우 [   ]

05 다음 漢字와 상대, 또는 반대되는 漢字를 |보기|에서 골라 그 번호를 쓰세요.   63~64번

|보기|

①大	②水	③山	④上

63 [   ] ↔ 下   **64** [   ] ↔ 川

06 다음 한자漢字의 색이 다른 획은 몇 번째 쓰는지 |보기|에서 찾아 그 번호를 쓰세요.   65~66번

|보기|

①첫 번째	②두 번째	③세 번째
④네 번째	⑤다섯 번째	⑥여섯 번째

65  ········ [   ]

66 ········ [   ]

07 다음 [   ] 속에 알맞은 漢字를 |보기|에서 골라 그 번호를 쓰세요.   67~68번

|보기|

①方	②重	③月	④中

67 [   ] - 大 : 아주 중요함.

68 [   ] - 正 : 언행이 바르고 점잖음.

08 다음 문장에서 밑줄 친 말과 같은 뜻을 지닌 漢字를 |보기|에서 골라 그 번호를 쓰세요.   69~70번

|보기|

①日	②數	③月	④水

69 산마루에 둥근 <u>달</u>이 떠올랐습니다.
················· [   ]

70 책은 나에게 <u>수</u>많은 사실을 새롭게 알려 주었습니다. ········ [   ]

01 다음 밑줄 친 漢字語한자어의 讀音독음을 쓰세요.

01~32번

|보기|

父母 - [부모]

01 질문에 대하여 예상 **答紙**를 만들어보았습니다. ………… [   ]

02 삼촌은 최면 상태에서 자신의 **前生**을 보았다고 합니다. ……… [   ]

03 학교에서 **農活** 갔던 이야기를 발표하였습니다. ………… [   ]

04 그 지역은 예로부터 **海上** 교역이 활발하였습니다. ………… [   ]

05 배를 타고 **江月**을 감상하였습니다. …………………………… [   ]

06 스님은 **火食**을 끊고 말도 하지 않았습니다. …………………… [   ]

07 서울광장에서는 **年中** 다양한 행사가 열립니다. ………… [   ]

08 "괜히 쓸데없는 일에 **動心**하지 말고 하던 일이나 잘해라." …… [   ]

09 연어는 알을 낳기 위해 **母川**으로 돌아오는 습성이 있습니다. … [   ]

10 동생은 길에서 **小便**을 보려는 사람을 말렸습니다. ………… [   ]

11 태풍 때문에 임시 **休校**를 하였습니다. …………………………… [   ]

12 세계 유명 가수들이 **來韓**하여 공연을 가졌습니다. ………… [   ]

13 동서남북·중앙의 **五方**을 상징하는 의상을 입고 춤을 추었습니다. …………………………… [   ]

14 천체 관측에 새로운 **地平**을 열었습니다. …………………………… [   ]

15 아파트 상가에는 학원과 의원이 **入住**해 있습니다. ………… [   ]

16 **邑村**의 풍년을 기원하기 위해 솟대를 세웠습니다. ………… [   ]

17 나를 버리고 가신 님은 **十里**도 못가서 발병난다. …………… [   ]

18 남쪽 지방은 날씨가 따뜻하여 **萬物**이 잘 자랍니다. ………… [   ]

19 조선 시대 각 관서에서 내용만 간단히 적어서 국왕에게 올리던 문서를 '**草記**'라고 합니다. ………… [   ]

20 아버지가 일하시는 <u>工場</u>을 견학하였습니다. ·················· [　　　]

21 그는 마을 어른들께 <u>外祖</u>의 함자를 대면서 인사를 드렸습니다.
················· [　　　]

22 그는 <u>少時</u>에 스스로 힘쓰지 않아 노년에 후회하였습니다. ····· [　　　]

23 유랑 <u>歌女</u>의 한 많은 인생에 대하여 이야기 하였습니다. ······ [　　　]

24 왕비는 자기의 남편인 임금을 <u>夫王</u>이라고 부릅니다. ············· [　　　]

25 임금은 <u>天命</u>을 받아서 하늘을 대신하여 나라를 다스리는 것이라고 하였습니다.
··························· [　　　]

26 마을 청년들은 <u>國軍</u>에 입대했습니다.
··························· [　　　]

27 집에 혼자 있기가 <u>不安</u>하여 친구를 불렀습니다. ··················· [　　　]

28 선조들은 우리나라가 <u>植民</u>지 상태에서 독립하는 것만이 민족의 살길이라고 믿었습니다. ················· [　　　]

29 공원에는 <u>百花</u>가 활짝 피어 봄빛이 가득하였습니다. ············· [　　　]

30 오랜만에 <u>六寸</u> 누이가 놀러왔습니다.
··························· [　　　]

31 선생님께서는 부모에 대한 <u>孝道</u>와 형제간에 우애를 강조하였습니다.
··························· [　　　]

32 그는 여러 방면에 <u>出色</u>하여 여기저기서 인기가 많았습니다.
··························· [　　　]

02 다음 漢字의 訓훈과 音음을 쓰세요. 33~52번

| 보기 |

字 - [글자 자]

33 面 [　　　] 　34 右 [　　　]

35 後 [　　　] 　36 秋 [　　　]

37 重 [　　　] 　38 間 [　　　]

39 洞 [　　　] 　40 正 [　　　]

41 電 [　　　] 　42 空 [　　　]

43 話 [　　　] 　44 家 [　　　]

45 登 [　　　] 　46 夏 [　　　]

47 老 [　　　] 　48 育 [　　　]

49 左 [　　　] 　50 旗 [　　　]

51 算 [　　　] 　52 力 [　　　]

03 다음 밑줄 친 漢字語의 뜻을 쓰세요.
53~54번

53 그는 자신이 저지른 죄를 하나하나 <u>自白</u>하였습니다.
: [　　　]

54 호모에렉투스는 <u>直立</u> 보행하고 불을 사용한 특징을 가지고 있습니다.

: [   ]

04 다음 訓훈과 音음에 맞는 한자를 |보기|에서 골라 그 번호를 쓰세요.   55~62번

|보기|

| ① 然 | ② 千 | ③ 夕 | ④ 午 |
| ⑤ 事 | ⑥ 林 | ⑦ 北 | ⑧ 川 |

55 일천 천 [   ] **56** 그럴 연 [   ]

57 북녘 북 [   ] **58** 저녁 석 [   ]

59 일   사 [   ] **60** 내   천 [   ]

61 수풀 림 [   ] **62** 낮   오 [   ]

05 다음 한자와 상대, 또는 반대되는 한자를 |보기|에서 골라 그 번호를 쓰세요.   63~64번

|보기|

| ① 西 | ② 四 | ③ 字 | ④ 教 |

63 東 ↔ [   ] **64** [   ] ↔ 學

06 다음 [   ] 속에 알맞은 漢字를 |보기|에서 골라 그 번호를 쓰세요.   65~66번

|보기|

| ① 同 | ② 足 | ③ 春 | ④ 父 |

65 [   ] － 氣 : '형제자매'를 통틀어 이르는 말.

66 靑 － [   ] : '스무 살 안팎의 젊은 나이'를 이르는 말.

07 다음 밑줄 친 단어의 漢字語한자어를 |보기|에서 골라 그 번호를 쓰세요.   67~68번

|보기|

| ① 名數 | ② 名手 | ③ 下文 | ④ 下問 |

67 아버지께서는 시무룩한 나의 모습을 보고 무슨 일이 있느냐고 **하문**하셨다.

.... [   ]

68 공원 청소에 참여한 주민들의 **명수**를 헤아려보니 생각보다 많지 않았다.

.... [   ]

08 다음 한자漢字의 색이 다른 획은 몇 번째 쓰는지 |보기|에서 찾아 그 번호를 쓰세요.   69~70번

|보기|

① 첫 번째	② 두 번째	③ 세 번째
④ 네 번째	⑤ 다섯 번째	⑥ 여섯 번째
⑦ 일곱 번째	⑧ 여덟 번째	⑨ 아홉 번째

69 .... [   ]

70 .... [   ]

한자능력검정시험 7급
예상문제

(사) 한국어문회 주관	
합격문항	49문항
시험시간	50분
정 답	105쪽

01 다음 漢字語한자어의 讀音독음을 쓰세요.

01~32번

보기
漢字 – [한자]

01 子弟 [   ]
02 不動 [   ]

03 水平 [   ]
04 國手 [   ]

05 十月 [   ]
06 立場 [   ]

07 父王 [   ]
08 歌話 [   ]

09 二世 [   ]
10 靑春 [   ]

11 老年 [   ]
12 心地 [   ]

13 便紙 [   ]
14 植物 [   ]

15 洞內 [   ]
16 民草 [   ]

17 電力 [   ]
18 每時 [   ]

19 登天 [   ]
20 寸數 [   ]

21 秋夕 [   ]
22 祖上 [   ]

23 算出 [   ]
24 花林 [   ]

25 語學 [   ]
26 生育 [   ]

27 白旗 [   ]
28 力道 [   ]

29 北韓 [   ]
30 千里 [   ]

31 休日 [   ]
32 手工 [   ]

02 다음 漢字의 訓훈과 음음을 쓰세요. 33~52번

보기
字 – [글자 자]

33 全 [   ]
34 氣 [   ]

35 事 [   ]
36 八 [   ]

37 直 [　　　　　] 　 38 農 [　　　　　]

39 川 [　　　　　] 　 40 車 [　　　　　]

41 記 [　　　　　] 　 42 五 [　　　　　]

43 自 [　　　　　] 　 44 四 [　　　　　]

45 午 [　　　　　] 　 46 重 [　　　　　]

47 萬 [　　　　　] 　 48 食 [　　　　　]

49 軍 [　　　　　] 　 50 色 [　　　　　]

51 夫 [　　　　　] 　 52 面 [　　　　　]

55 저자 시 [　　　　　] 　 56 효도 효 [　　　　　]

57 뒤　후 [　　　　　] 　 58 살　활 [　　　　　]

59 있을 유 [　　　　　] 　 60 글월 문 [　　　　　]

61 빌　공 [　　　　　] 　 62 주인 주 [　　　　　]

03 다음 漢字語한자어의 뜻을 쓰세요. 　53~54번

53 子正 : [　　　　　　　　　　　　　]

54 下校 : [　　　　　　　　　　　　　]

04 다음 訓훈과 音음에 맞는 한자를 |보기|에서 골라 그 번호를 쓰세요. 　55~62번

	|보기|
①主　②左　③文　④活　⑤人	
⑥市　⑦空　⑧後　⑨有　⑩孝	

05 다음 한자와 상대, 또는 반대되는 한자를 |보기|에서 골라 그 번호를 쓰세요. 　63~64번

	|보기|
①後　　②夏　　③山　　④前	

63 江 ↔ [　　　　] 　 64 [　　　　] ↔ 冬

06 다음 [　　] 속에 알맞은 漢字를 |보기|에서 골라 그 번호를 쓰세요. 　65~66번

	|보기|
①文　　②門　　③間　　④問	

65 家 － [　　　　] : 집안, 문중.

66 [　　　　] － 安 : 웃어른에게 안부를 물음.

07 다음을 |보기|와 같이 완성하세요. 67~68번

| 보기 |

教 - [④   ] - 內
①然   ②長   ③文   ④室

67 住 - [   ] - 有

①長   ②所   ③場   ④小

68 校 - [   ] - 文

①命   ②洞   ③名   ④東

08 다음 한자漢字의 색이 다른 획은 몇 번째 쓰는지 [보기]에서 찾아 그 번호를 쓰세요.
69~70번

| 보기 |

①첫 번째   ②두 번째   ③세 번째
④네 번째   ⑤다섯 번째   ⑥여섯 번째
⑦일곱 번째

69 邑 ………… [   ]

70 方 ………… [   ]

10회

한자능력검정시험 7급 예상문제

(사) 한국어문회 주관	
합격문항	49문항
시험시간	50분
정 답	106쪽

01 다음 밑줄 친 漢字語한자어의 讀音독음을 쓰세요.

01~32번

| 보기 |

父母 - [부모]

01 낯선 땅에 옮겨온 <u>住民</u>들은 모든 것이 새로웠습니다. ·········· [   ]

02 예술적인 상상력은 <u>時空</u>의 제한을 받지 않습니다. ·········· [   ]

03 그 지역은 강수량이 적어 <u>食水</u>가 부족합니다. ·········· [   ]

04 큰 유리문이 <u>自動</u>으로 열렸습니다.
·········· [   ]

05 윷을 던져서 <u>先後</u>의 차례를 결정하였습니다. ·········· [   ]

06 10개의 화살을 모두 <u>命中</u>시켰습니다.
·········· [   ]

07 비탈이 심한 산악<u>地方</u>에 널리 퍼져 있습니다. ·········· [   ]

08 그는 평화로운 <u>世上</u>을 만드는 일에 힘썼습니다. ·········· [   ]

09 상인의 신용은 <u>萬金</u>으로도 바꿀 수 없다고 생각하였습니다. ······ [   ]

10 그녀는 <u>男便</u>이 돌아오기를 애타게 기다렸습니다. ·········· [   ]

11 아직 피지 않은 <u>木花</u>의 열매를 '다래'라고 합니다. ·········· [   ]

12 뒷산에 <u>祖父</u>께서 심어놓은 나무들이 열매를 맺기 시작하였습니다.
························· [   ]

13 선생님은 학생들의 평균점수를 <u>算出</u>하였습니다. ·········· [   ]

14 군에 간 형에게서 <u>登記</u> 소포가 도착하였습니다. ·········· [   ]

15 누나는 <u>市立</u> 대학에 입학하였습니다.
························· [   ]

16 에디슨은 전기의 원리를 발견하여 실<u>生活</u>에 이용했습니다. ···· [   ]

17 그는 <u>正直</u>하여 남을 속이지 않았습니다.
························· [   ]

18 그의 <u>門前</u>은 언제나 많은 사람들로 붐볐습니다. ·········· [   ]

19 마루터기에 올라서니 **洞里**가 내려다 보였습니다. ·················· [   ]

20 실수를 하지 않기 위해 **每事**에 조심하였습니다. ·················· [   ]

21 올해는 **平年**보다 곡식이 잘 자랐습니다. ·················· [   ]

22 마을 사람들이 모두 그의 **孝道**를 칭찬하였습니다. ·················· [   ]

23 수화기를 들었으나 상대는 묵묵**不答**이었습니다. ·················· [   ]

24 다급해진 사령관은 **白旗**를 내걸고 항복했습니다. ·················· [   ]

25 그가 마음속으로 생각하는 것은 **青天**의 밝은 해와도 같았습니다. ·················· [   ]

26 남북한 **同數**의 위원으로 평화위원회를 구성하기로 하였습니다. ·················· [   ]

27 해마다 마을 제사에는 **老少**들이 모두 참석합니다. ·················· [   ]

28 대나무는 남도의 특색을 살려 내는 **名物**입니다. ·················· [   ]

29 연락이 없던 그에게서 **電話**가 왔습니다. ·················· [   ]

30 모든 **百姓**이 들고 일어나 침략자들과 맞서 싸웠습니다. ·················· [   ]

31 졸업생은 재학생과 함께 **校歌**를 합창하였습니다. ·················· [   ]

32 그는 몹시 답답하다는 듯이 머리를 **左右**로 내저었습니다. ·········· [   ]

02 다음 漢字한자의 訓(훈:뜻)과 音(음:소리)을 쓰세요.
33~52번

| 보기 |
字 - [글자 자]

33 兄 [   ] **34** 邑 [   ]

35 林 [   ] **36** 王 [   ]

37 午 [   ] **38** 母 [   ]

39 軍 [   ] **40** 北 [   ]

41 夕 [   ] **42** 草 [   ]

43 休 [   ] **44** 全 [   ]

45 南 [   ] **46** 然 [   ]

47 主 [   ] **48** 室 [   ]

49 間 [   ] **50** 弟 [   ]

51 土 [   ] **52** 夫 [   ]

03 다음 訓(훈:뜻)과 音(음:소리)에 맞는 漢字한자를 |보기|에서 골라 그 번호를 쓰세요.

53~62번

|보기|

① 海　② 工　③ 農　④ 村　⑤ 紙
⑥ 植　⑦ 秋　⑧ 寸　⑨ 東　⑩ 育

53 마을 촌 [　　] **54** 장인 공 [　　]

55 가을 추 [　　] **56** 심을 식 [　　]

57 기를 육 [　　] **58** 농사 농 [　　]

59 동녘 동 [　　] **60** 종이 지 [　　]

61 마디 촌 [　　] **62** 바다 해 [　　]

04 다음 밑줄 친 단어의 漢字語한자어를 |보기|에서 골라 그 번호를 쓰세요.

63~64번

|보기|

① 一氣　② 日氣　③ 場面　④ 長面

63 한동안 좋은 **일기**가 계속된다고 합니다.

.... [　　]

64 영화 속 전투**장면**이 너무 잔인하였습니다.

.... [　　]

05 다음 漢字한자와 상대, 또는 반대되는 漢字한자를 |보기|에서 골라 그 번호를 쓰세요.

65~66번

|보기|

① 內　　② 足　　③ 入　　④ 火

65 手 ↔ [　　] **66** [　　] ↔ 外

06 다음 밑줄 친 漢字語한자어의 뜻을 쓰세요.

67~68번

67 그는 자신이 所有하고 있던 땅을 농민들에게 나누어 주었습니다.

: [　　　　]

68 그녀는 5남매의 家長 노릇을 하며 온갖 허드렛일을 하였습니다.

: [　　　　]

07 다음 한자漢字의 색이 다른 획은 몇 번째 쓰는지 |보기|에서 찾아 그 번호를 쓰세요.

69~70번

|보기|

① 첫 번째　② 두 번째　③ 세 번째
④ 네 번째　⑤ 다섯 번째　⑥ 여섯 번째
⑦ 일곱 번째　⑧ 여덟 번째　⑨ 아홉 번째

69 來 .... [　　]

70 色 .... [　　]

수험번호 □□□-□□-□□□□□　　성명□□□□□

생년월일 □□□□□□　　※ 주민등록번호 앞 6자리 숫자를 기입하십시오. ※ 성명은 한글로 작성
※ 필기구는 검정색 볼펜만 가능

※ 답안지는 컴퓨터로 처리되므로 구기거나 더럽히지 마시고, 정답 칸 안에만 쓰십시오.
　글씨가 채점란으로 들어오면 오답처리가 됩니다.

전국한자능력검정시험 7급 답안지(1) (시험시간:50분)

번호	정답 (답안란)	1검	2검	번호	정답 (답안란)	1검	2검	번호	정답 (답안란)	1검	2검
1				12				23			
2				13				24			
3				14				25			
4				15				26			
5				16				27			
6				17				28			
7				18				29			
8				19				30			
9				20				31			
10				21				32			
11				22				33			

감독위원	채점위원(1)		채점위원(2)		채점위원(3)	
(서명)	(득점)	(서명)	(득점)	(서명)	(득점)	(서명)

※뒷면으로 이어짐

※ 답안지는 컴퓨터로 처리되므로 구기거나 더럽히지 마시고, 정답 칸 안에만 쓰십시오. 글씨가 채점란으로 들어오면 오답처리가 됩니다.

전국한자능력검정시험 7급 답안지(2)

답안란		채점란		답안란		채점란		답안란		채점란	
번호	정답	1검	2검	번호	정답	1검	2검	번호	정답	1검	2검
34				47				60			
35				48				61			
36				49				62			
37				50				63			
38				51				64			
39				52				65			
40				53				66			
41				54				67			
42				55				68			
43				56				69			
44				57				70			
45				58							
46				59							

■ 사단법인 한국어문회 　　　　　　　　　　　　　　　　7 0 1 ■

수험번호 □□□-□□-□□□□　　　　　성명 □□□□□

생년월일 □□□□□□ ※ 주민등록번호 앞 6자리 숫자를 기입하십시오. ※ 성명은 한글로 작성
　　　　　　　　　　　　　　　　　　　　　　　※ 필기구는 검정색 볼펜만 가능

※ 답안지는 컴퓨터로 처리되므로 구기거나 더럽히지 마시고, 정답 칸 안에만 쓰십시오.
　글씨가 채점란으로 들어오면 오답처리가 됩니다.

전국한자능력검정시험 7급 답안지(1) (시험시간:50분)

답안란		채점란		답안란		채점란		답안란		채점란	
번호	정답	1검	2검	번호	정답	1검	2검	번호	정답	1검	2검
1				12				23			
2				13				24			
3				14				25			
4				15				26			
5				16				27			
6				17				28			
7				18				29			
8				19				30			
9				20				31			
10				21				32			
11				22				33			

감독위원	채점위원(1)		채점위원(2)		채점위원(3)	
(서명)	(득점)	(서명)	(득점)	(서명)	(득점)	(서명)

■　　　　　　　　　　　　　　　　　　　　　　　※뒷면으로 이어짐　　　■

전국한자능력검정시험 7급 답안지(2)

번호	정답	1검	2검	번호	정답	1검	2검	번호	정답	1검	2검
34				47				60			
35				48				61			
36				49				62			
37				50				63			
38				51				64			
39				52				65			
40				53				66			
41				54				67			
42				55				68			
43				56				69			
44				57				70			
45				58							
46				59							

수험번호 □□□-□□-□□□□   성명 □□□□□

생년월일 □□□□□□   ※ 주민등록번호 앞 6자리 숫자를 기입하십시오. ※ 성명은 한글로 작성
                                          ※ 필기구는 검정색 볼펜만 가능

※ 답안지는 컴퓨터로 처리되므로 구기거나 더럽히지 마시고, 정답 칸 안에만 쓰십시오.
   글씨가 채점란으로 들어오면 오답처리가 됩니다.

전국한자능력검정시험 7급 답안지(1) (시험시간:50분)

번호	답안란 정답	채점란 1검	2검	번호	답안란 정답	채점란 1검	2검	번호	답안란 정답	채점란 1검	2검
1				12				23			
2				13				24			
3				14				25			
4				15				26			
5				16				27			
6				17				28			
7				18				29			
8				19				30			
9				20				31			
10				21				32			
11				22				33			

감독위원	채점위원(1)		채점위원(2)		채점위원(3)	
(서명)	(득점)	(서명)	(득점)	(서명)	(득점)	(서명)

※ 답안지는 컴퓨터로 처리되므로 구기거나 더럽히지 마시고, 정답 칸 안에만 쓰십시오. 글씨가 채점란으로 들어오면 오답처리가 됩니다.

전국한자능력검정시험 7급 답안지(2)

번호	답안란 정답	채점란 1검	채점란 2검	번호	답안란 정답	채점란 1검	채점란 2검	번호	답안란 정답	채점란 1검	채점란 2검
34				47				60			
35				48				61			
36				49				62			
37				50				63			
38				51				64			
39				52				65			
40				53				66			
41				54				67			
42				55				68			
43				56				69			
44				57				70			
45				58							
46				59							

수험번호 ☐☐☐ - ☐☐ - ☐☐☐☐　　성명 ☐☐☐☐☐

생년월일 ☐☐☐☐☐☐　※ 주민등록번호 앞 6자리 숫자를 기입하십시오. ※ 성명은 한글로 작성
　　　　　　　　　　　　　　　　　　　　　　　　　　　　　　※ 필기구는 검정색 볼펜만 가능

※ 답안지는 컴퓨터로 처리되므로 구기거나 더럽히지 마시고, 정답 칸 안에만 쓰십시오.
　　글씨가 채점란으로 들어오면 오답처리가 됩니다.

전국한자능력검정시험 7급 답안지(1) (시험시간:50분)

번호	답안란 정답	채점란 1검	채점란 2검	번호	답안란 정답	채점란 1검	채점란 2검	번호	답안란 정답	채점란 1검	채점란 2검
1				12				23			
2				13				24			
3				14				25			
4				15				26			
5				16				27			
6				17				28			
7				18				29			
8				19				30			
9				20				31			
10				21				32			
11				22				33			

감독위원	채점위원(1)		채점위원(2)		채점위원(3)	
(서명)	(득점)	(서명)	(득점)	(서명)	(득점)	(서명)

※뒷면으로 이어짐

■　　　　　　　　　　　　　　　　　　　　　　　　　　　　　　　　　　　　■

※ 답안지는 컴퓨터로 처리되므로 구기거나 더럽히지 마시고, 정답 칸 안에만 쓰십시오. 글씨가 채점란으로 들어오면 오답처리가 됩니다.

전국한자능력검정시험 7급 답안지(2)

번호	정답	1검	2검	번호	정답	1검	2검	번호	정답	1검	2검
	답안란	채점란			답안란	채점란			답안란	채점란	
34				47				60			
35				48				61			
36				49				62			
37				50				63			
38				51				64			
39				52				65			
40				53				66			
41				54				67			
42				55				68			
43				56				69			
44				57				70			
45				58							
46				59							

수험번호 □□□-□□-□□□□　　　성명 □□□□□

생년월일 □□□□□□　　※ 주민등록번호 앞 6자리 숫자를 기입하십시오.　※ 성명은 한글로 작성
　　　　　　　　　　　　　　　　　　　　　　　　　※ 필기구는 검정색 볼펜만 가능

※ 답안지는 컴퓨터로 처리되므로 구기거나 더럽히지 마시고, 정답 칸 안에만 쓰십시오.
　글씨가 채점란으로 들어오면 오답처리가 됩니다.

전국한자능력검정시험 7급 답안지(1) (시험시간:50분)

답안란		채점란		답안란		채점란		답안란		채점란	
번호	정답	1검	2검	번호	정답	1검	2검	번호	정답	1검	2검
1				12				23			
2				13				24			
3				14				25			
4				15				26			
5				16				27			
6				17				28			
7				18				29			
8				19				30			
9				20				31			
10				21				32			
11				22				33			

감독위원	채점위원(1)		채점위원(2)		채점위원(3)	
(서명)	(득점)	(서명)	(득점)	(서명)	(득점)	(서명)

※뒷면으로 이어짐

※ 답안지는 컴퓨터로 처리되므로 구기거나 더럽히지 마시고, 정답 칸 안에만 쓰십시오. 글씨가 채점란으로 들어오면 오답처리가 됩니다.

전국한자능력검정시험 7급 답안지(2)

답안란		채점란		답안란		채점란		답안란		채점란	
번호	정답	1검	2검	번호	정답	1검	2검	번호	정답	1검	2검
34				47				60			
35				48				61			
36				49				62			
37				50				63			
38				51				64			
39				52				65			
40				53				66			
41				54				67			
42				55				68			
43				56				69			
44				57				70			
45				58							
46				59							

수험번호 □□□-□□-□□□□   성명 □□□□□

생년월일 □□□□□□   ※ 주민등록번호 앞 6자리 숫자를 기입하십시오. ※ 성명은 한글로 작성
                                                   ※ 필기구는 검정색 볼펜만 가능

※ 답안지는 컴퓨터로 처리되므로 구기거나 더럽히지 마시고, 정답 칸 안에만 쓰십시오.
    글씨가 채점란으로 들어오면 오답처리가 됩니다.

전국한자능력검정시험 7급 답안지(1) (시험시간:50분)

번호	정답	1검	2검	번호	정답	1검	2검	번호	정답	1검	2검
1				12				23			
2				13				24			
3				14				25			
4				15				26			
5				16				27			
6				17				28			
7				18				29			
8				19				30			
9				20				31			
10				21				32			
11				22				33			

감독위원	채점위원(1)		채점위원(2)		채점위원(3)	
(서명)	(득점)	(서명)	(득점)	(서명)	(득점)	(서명)

■ 사단법인 한국어문회 702

※ 답안지는 컴퓨터로 처리되므로 구기거나 더럽히지 마시고, 정답 칸 안에만 쓰십시오. 글씨가 채점란으로 들어오면 오답처리가 됩니다.

전국한자능력검정시험 7급 답안지(2)

답안란		채점란		답안란		채점란		답안란		채점란	
번호	정답	1검	2검	번호	정답	1검	2검	번호	정답	1검	2검
34				47				60			
35				48				61			
36				49				62			
37				50				63			
38				51				64			
39				52				65			
40				53				66			
41				54				67			
42				55				68			
43				56				69			
44				57				70			
45				58							
46				59							

수험번호 □□□-□□-□□□□□　　　성명 □□□□□

생년월일 □□□□□□　　※ 주민등록번호 앞 6자리 숫자를 기입하십시오. ※ 성명은 한글로 작성
　　　　　　　　　　　　　　　　　　　　　　　　※ 필기구는 검정색 볼펜만 가능

※ 답안지는 컴퓨터로 처리되므로 구기거나 더럽히지 마시고, 정답 칸 안에만 쓰십시오.
　글씨가 채점란으로 들어오면 오답처리가 됩니다.

전국한자능력검정시험 7급 답안지(1) (시험시간:50분)

번호	정답	1검	2검	번호	정답	1검	2검	번호	정답	1검	2검
1				12				23			
2				13				24			
3				14				25			
4				15				26			
5				16				27			
6				17				28			
7				18				29			
8				19				30			
9				20				31			
10				21				32			
11				22				33			

감독위원	채점위원(1)		채점위원(2)		채점위원(3)	
(서명)	(득점)	(서명)	(득점)	(서명)	(득점)	(서명)

전국한자능력검정시험 7급 답안지(2)

답안란		채점란		답안란		채점란		답안란		채점란	
번호	정답	1검	2검	번호	정답	1검	2검	번호	정답	1검	2검
34				47				60			
35				48				61			
36				49				62			
37				50				63			
38				51				64			
39				52				65			
40				53				66			
41				54				67			
42				55				68			
43				56				69			
44				57				70			
45				58							
46				59							

수험번호 □□□-□□-□□□□ 　　성명 □□□□□

생년월일 □□□□□□ ※ 주민등록번호 앞 6자리 숫자를 기입하십시오. ※ 성명은 한글로 작성
　　　　　　　　　　　　　　　　　　　　　　　　　　　　　　 ※ 필기구는 검정색 볼펜만 가능

※ 답안지는 컴퓨터로 처리되므로 구기거나 더럽히지 마시고, 정답 칸 안에만 쓰십시오.
　글씨가 채점란으로 들어오면 오답처리가 됩니다.

전국한자능력검정시험 7급 답안지(1) (시험시간:50분)

번호	정답	1검	2검	번호	정답	1검	2검	번호	정답	1검	2검
	답안란	채점란			답안란	채점란			답안란	채점란	
1				12				23			
2				13				24			
3				14				25			
4				15				26			
5				16				27			
6				17				28			
7				18				29			
8				19				30			
9				20				31			
10				21				32			
11				22				33			

감독위원	채점위원(1)		채점위원(2)		채점위원(3)	
(서명)	(득점)	(서명)	(득점)	(서명)	(득점)	(서명)

※ 답안지는 컴퓨터로 처리되므로 구기거나 더럽히지 마시고, 정답 칸 안에만 쓰십시오. 글씨가 채점란으로 들어오면 오답처리가 됩니다.

전국한자능력검정시험 7급 답안지(2)

번호	정답	1검	2검	번호	정답	1검	2검	번호	정답	1검	2검
	답안란	채점란			답안란	채점란			답안란	채점란	
34				47				60			
35				48				61			
36				49				62			
37				50				63			
38				51				64			
39				52				65			
40				53				66			
41				54				67			
42				55				68			
43				56				69			
44				57				70			
45				58							
46				59							

수험번호 □□□-□□-□□□□ 성명 □□□□□

생년월일 □□□□□□ ※ 주민등록번호 앞 6자리 숫자를 기입하십시오. ※ 성명은 한글로 작성
※ 필기구는 검정색 볼펜만 가능

※ 답안지는 컴퓨터로 처리되므로 구기거나 더럽히지 마시고, 정답 칸 안에만 쓰십시오.
글씨가 채점란으로 들어오면 오답처리가 됩니다.

전국한자능력검정시험 7급 답안지(1) (시험시간:50분)

번호	정답	1검	2검	번호	정답	1검	2검	번호	정답	1검	2검
1				12				23			
2				13				24			
3				14				25			
4				15				26			
5				16				27			
6				17				28			
7				18				29			
8				19				30			
9				20				31			
10				21				32			
11				22				33			

감독위원	채점위원(1)		채점위원(2)		채점위원(3)	
(서명)	(득점)	(서명)	(득점)	(서명)	(득점)	(서명)

※뒷면으로 이어짐

■ ■

※ 답안지는 컴퓨터로 처리되므로 구기거나 더럽히지 마시고, 정답 칸 안에만 쓰십시오. 글씨가 채점란으로 들어오면 오답처리가 됩니다.

전국한자능력검정시험 7급 답안지(2)

번호	정답	1검	2검	번호	정답	1검	2검	번호	정답	1검	2검
34				47				60			
35				48				61			
36				49				62			
37				50				63			
38				51				64			
39				52				65			
40				53				66			
41				54				67			
42				55				68			
43				56				69			
44				57				70			
45				58							
46				59							

답안란 / 채점란 (1검 2검)

| 수험번호 □□□-□□-□□□□ | 성명 □□□□□ |

생년월일 □□□□□□   ※ 주민등록번호 앞 6자리 숫자를 기입하십시오. ※ 성명은 한글로 작성
                                                    ※ 필기구는 검정색 볼펜만 가능

※ 답안지는 컴퓨터로 처리되므로 구기거나 더럽히지 마시고, 정답 칸 안에만 쓰십시오.
   글씨가 채점란으로 들어오면 오답처리가 됩니다.

전국한자능력검정시험 7급 답안지(1) (시험시간:50분)

번호	정답	1검	2검	번호	정답	1검	2검	번호	정답	1검	2검
1				12				23			
2				13				24			
3				14				25			
4				15				26			
5				16				27			
6				17				28			
7				18				29			
8				19				30			
9				20				31			
10				21				32			
11				22				33			

감독위원	채점위원(1)		채점위원(2)		채점위원(3)	
(서명)	(득점)	(서명)	(득점)	(서명)	(득점)	(서명)

※뒷면으로 이어짐

■   ■

※ 답안지는 컴퓨터로 처리되므로 구기거나 더럽히지 마시고, 정답 칸 안에만 쓰십시오. 글씨가 채점란으로 들어오면 오답처리가 됩니다.

전국한자능력검정시험 7급 답안지(2)

번호	정답	1검	2검	번호	정답	1검	2검	번호	정답	1검	2검
34				47				60			
35				48				61			
36				49				62			
37				50				63			
38				51				64			
39				52				65			
40				53				66			
41				54				67			
42				55				68			
43				56				69			
44				57				70			
45				58							
46				59							

(사) **한국어문회** 주관

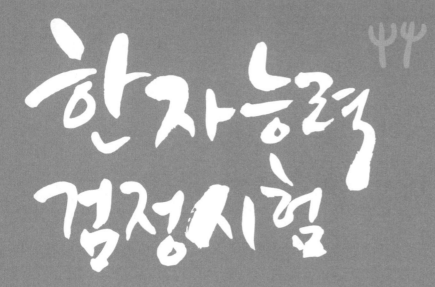

기출 · 예상문제 **7**급

▷ 1회 ~ 5회

정답과 해설은 108 ~ 115쪽에 있습니다.

01회

한자능력검정시험 7급
기출·예상문제

(사) 한국어문회 주관	
합격문항	49문항
시험시간	50분
정답	108쪽

01 다음 밑줄 친 漢字語한자어의 音(음:소리)을 쓰세요.

01~32번

| 보기 |

漢字 → [한자]

01 경주는 <u>千年</u>의 역사와 문화가 느껴지는 도시입니다. ……… [   ]

02 박물관을 <u>休日</u>에도 개방하기로 하였습니다. ………………… [   ]

03 이번 <u>秋夕</u>에는 휴일이 많습니다.
………………… [   ]

04 차에서 내린 그의 얼굴빛은 <u>白紙</u>처럼 창백하였습니다. ……… [   ]

05 그는 나라에 충성하고 <u>家門</u>을 빛내고자 하였습니다. ………… [   ]

06 그들은 공주의 <u>孝心</u>에 감동하였습니다.
………………… [   ]

07 사거리에 지하 <u>車道</u>를 건설하였습니다.
………………… [   ]

08 "책을 받을 수 있는 <u>住所</u>를 불러주세요."
………………… [   ]

09 제트기들은 <u>空中</u>에서 꼬리 연기를 내뿜었습니다. …………… [   ]

10 그는 교외의 농가에서 <u>出生</u>하였습니다.
………………… [   ]

11 그는 50년 만에 <u>祖國</u>의 품에 안겼습니다.
………………… [   ]

12 학생들에게 사회<u>活動</u>을 체험하도록 하였습니다. …………… [   ]

13 제주도는 <u>海女</u>로 유명합니다.
………………… [   ]

14 나라에서는 백성들에게 <u>土地</u>를 나누어 주었습니다. ………… [   ]

15 명절에 언니와 <u>兄夫</u>가 인사를 왔습니다.
………………… [   ]

16 공부하는 사이사이 <u>間食</u>을 먹었습니다.
………………… [   ]

17 "꽃다운 <u>青春</u>을 보람 없이 헛되이 보내서야 되겠습니까?" …… [   ]

18 차마 그의 부탁을 <u>外面</u>하기 어려웠습니다.
………………… [   ]

19 산간 지방이라 교통이 **不便**하였습니다.

⋯⋯⋯⋯⋯⋯⋯⋯⋯⋯ [   ]

20 그는 노래를 좋아하여 **歌手**가 되었습니다.

⋯⋯⋯⋯⋯⋯⋯⋯⋯⋯ [   ]

21 이 **植物**은 지대가 높은 땅에서도 잘 자랍

니다. ⋯⋯⋯⋯⋯⋯⋯ [   ]

22 그의 희생정신을 **後世**에 길이 전하기로

하였습니다. ⋯⋯⋯⋯ [   ]

23 학생회에서는 **學內** 문제를 논의하였습

니다. ⋯⋯⋯⋯⋯⋯⋯ [   ]

24 요즘에는 많은 사람들이 **農村**으로 돌아

가려고 합니다. ⋯⋯ [   ]

25 어머니는 저녁거리를 사러 **市場**에 가셨

습니다. ⋯⋯⋯⋯⋯⋯ [   ]

26 수목과 **花草**가 작은 숲을 이루었습니다.

⋯⋯⋯⋯⋯⋯⋯⋯⋯⋯ [   ]

27 그는 벼슬을 **下直**하고 고향으로 돌아왔

습니다. ⋯⋯⋯⋯⋯⋯ [   ]

28 어느 누구도 **王命**을 거역할 수 없었습니다.

⋯⋯⋯⋯⋯⋯⋯⋯⋯⋯ [   ]

29 남부 지역에서는 **立夏** 무렵에 봄보리 씨를

뿌립니다. ⋯⋯⋯⋯⋯ [   ]

30 대부분의 **平民**은 글을 읽거나 쓸 줄 몰랐

습니다. ⋯⋯⋯⋯⋯⋯ [   ]

31 전철을 타고 **天安**까지 갔습니다.

⋯⋯⋯⋯⋯⋯⋯⋯⋯⋯ [   ]

32 "앗, 지각이다! **登校** 시간에 늦으면 벌을

받는데⋯." ⋯⋯⋯⋯ [   ]

02 다음 漢字한자의 訓(훈:뜻)과 音(음:소리)을 쓰세요.

33~52번

|보기|

字 – [글자 자]

33 育 [   ]   34 東 [   ]

35 洞 [   ]   36 室 [   ]

37 旗 [   ]   38 軍 [   ]

39 右 [   ]   40 萬 [   ]

41 記 [   ]   42 川 [   ]

43 南 [   ]   44 工 [   ]

45 邑 [   ]   46 算 [   ]

47 來 [   ]   48 色 [   ]

49 寸 [   ]   50 教 [   ]

51 弟 [   ]   52 父 [   ]

03 다음 밑줄 친 단어의 漢字語한자어를 |보기|에서 골라 그 번호를 쓰세요. *53~54번*

|보기|
① 自然　② 長足　③ 男子　④ 電氣

53 <u>전기</u>는 우리 생활에서 매우 중요합니다.
………………… [　　　　]

54 그의 시는 **자연**을 노래한 것으로 유명합니다. ………………… [　　　　]

04 다음 訓(훈:뜻)과 音(음:소리)에 맞는 漢字한자를 |보기|에서 골라 그 번호를 쓰세요. *55~64번*

|보기|
① 午　② 時　③ 林　④ 冬　⑤ 重
⑥ 話　⑦ 母　⑧ 姓　⑨ 有　⑩ 百

55 일백 백 [　　]　　**56** 말씀 화 [　　]

57 성 성 [　　]　　**58** 낮 오 [　　]

59 겨울 동 [　　]　　**60** 때 시 [　　]

61 수풀 림 [　　]　　**62** 무거울 중 [　　]

63 어미 모 [　　]　　**64** 있을 유 [　　]

05 다음 漢字한자의 상대 또는 반대되는 漢字한자를 |보기|에서 골라 그 번호를 쓰세요. *65~66번*

|보기|
① 物　　② 事　　③ 學　　④ 問

65 敎 ↔ [　　　　]　　**66** [　　　　] ↔ 心

06 다음 漢字語한자어의 뜻을 쓰세요. *67~68번*

67 두 가지는 **同名**이지만 서로 다른 것입니다.
: [　　　　　　　]

68 부모님은 **食後**에 커피를 드십니다.
: [　　　　　　　]

07 다음 漢字한자의 색이 다른 획은 몇 번째 쓰는지 |보기|에서 찾아 그 번호를 쓰세요. *69~70번*

|보기|
① 첫 번째　　② 두 번째　　③ 세 번째
④ 네 번째　　⑤ 다섯 번째　　⑥ 여섯 번째
⑦ 일곱 번째　　⑧ 여덟 번째　　⑨ 아홉 번째
⑩ 열 번째

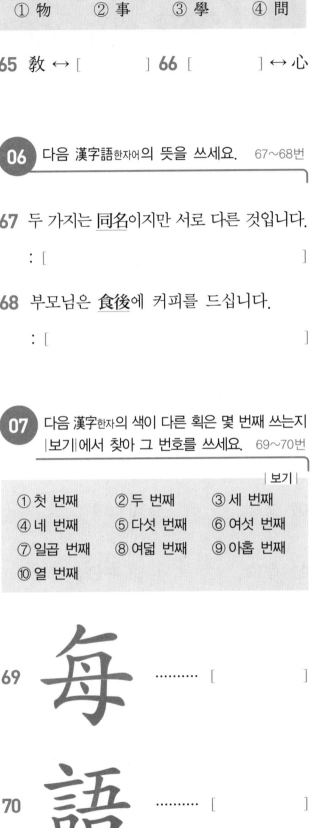

69 每 ……… [　　　　]

70 語 ……… [　　　　]

02회

한자능력검정시험 7급
기출·예상문제

(사) 한국어문회 주관	
합격문항	49문항
시험시간	50분
정 답	109쪽

01 다음 漢字語한자어의 音음을 쓰세요. 01~32번

| 보기 |

漢字 → [한자]

01 七夕 [   ]   02 江山 [   ]

03 國旗 [   ]   04 後日 [   ]

05 安全 [   ]   06 入室 [   ]

07 電工 [   ]   08 家門 [   ]

09 文物 [   ]   10 每年 [   ]

11 學校 [   ]   12 有色 [   ]

13 空氣 [   ]   14 外食 [   ]

15 百花 [   ]   16 孝子 [   ]

17 世間 [   ]   18 立春 [   ]

19 平生 [   ]   20 祖上 [   ]

21 市長 [   ]   22 天下 [   ]

23 自然 [   ]   24 內面 [   ]

25 主人 [   ]   26 午前 [   ]

27 東海 [   ]   28 千萬 [   ]

29 民心 [   ]   30 農夫 [   ]

31 正直 [   ]   32 男女 [   ]

02 다음 漢字한자의 訓(훈:뜻)과 音(음:소리)을 쓰세요.
33~52번

| 보기 |

字 → [글자 자]

33 動 [   ]   34 敎 [   ]

35 邑 [   ]   36 里 [   ]

37 算 [   ]   38 重 [   ]

39 登 [   ]   40 時 [   ]

41 記 [   ]   42 話 [   ]

43 歌 [   ]   44 方 [   ]

45 便 [   ]   46 命 [   ]

47 場 [   ]   48 口 [   ]

49 活 [   ]   50 答 [   ]

51 夏 [   ]   52 白 [   ]

03 다음 訓(훈:뜻)과 音(음:소리)에 맞는 漢字한자를 |보기|에서 골라 그 번호를 쓰세요. 53~62번

|보기|
① 車   ② 育   ③ 所   ④ 川   ⑤ 道
⑥ 數   ⑦ 力   ⑧ 同   ⑨ 村   ⑩ 休

53 마을 촌 [   ]   54 셈   수 [   ]

55 수레 거 [   ]   56 쉴   휴 [   ]

57 내   천 [   ]   58 한가지동 [   ]

59 힘   력 [   ]   60 바   소 [   ]

61 길   도 [   ]   62 기를 육 [   ]

04 다음 밑줄 친 단어의 漢字語한자어를 |보기| 에서 골라 그 번호를 쓰세요. 63~64번

|보기|
① 土地   ② 兄弟   ③ 秋冬   ④ 老少

63 이 음악은 남녀**노소**가 즐깁니다.

      .... [   ]

64 집을 지을 만한 **토지**를 찾고 있습니다.

      .... [   ]

05 다음 漢字한자와 상대, 또는 반대되는 漢字한자를 |보기|에서 골라 그 번호를 쓰세요. 65~66번

|보기|
① 洞   ② 右   ③ 足   ④ 南

65 左 ↔ [   ]   66 手 ↔ [   ]

06 다음 漢字語한자어의 뜻을 쓰세요. 67~68번

67 水中 : [   ]

68 草木 : [   ]

07 다음 한자漢字의 색이 다른 획은 몇 번째 쓰는지 |보기|에서 찾아 그 번호를 쓰세요. 69~70번

| 보기 |

① 첫 번째　② 두 번째　③ 세 번째
④ 네 번째　⑤ 다섯 번째　⑥ 여섯 번째
⑦ 일곱 번째　⑧ 여덟 번째　⑨ 아홉 번째

69 軍 ‥‥‥‥ [　　　]

70 北 ‥‥‥‥ [　　　]

01 다음 밑줄 친 漢字語한자어의 讀音독음을 쓰세요.

01~32번

|보기|

母女 – [모녀]

01 시인들은 <u>自然</u>을 벗 삼아 지냈습니다.

··········· [   ]

02 수업을 마치고 <u>教室</u>을 깨끗이 청소하였습니다. ··········· [   ]

03 노부모를 잘 모시는 <u>孝子</u>에게 상을 주었습니다. ··········· [   ]

04 옛날이야기에 <u>時間</u> 가는 줄 몰랐습니다.

··········· [   ]

05 개울물에서 <u>洞里</u> 꼬마들이 물장구를 칩니다. ··········· [   ]

06 겨울철 <u>登山</u>에서는 돌발사고에 대비해야합니다. ··········· [   ]

07 병사들의 <u>軍氣</u>가 높았습니다.

··········· [   ]

08 나라와 <u>民生</u>을 위해 걱정하였습니다.

··········· [   ]

09 전통문화에서 <u>先祖</u>들의 지혜를 배웁니다.

··········· [   ]

10 은성이는 김씨 <u>家門</u>의 5대 독자입니다.

··········· [   ]

11 옷차림은 <u>活動</u>하기에 간편한 것이 좋습니다. ··········· [   ]

12 이상 기후로 <u>每年</u> 재해가 늘어나고 있습니다. ··········· [   ]

13 장정들은 그의 <u>手下</u>가 되기를 청하였다.

··········· [   ]

14 우리 학교의 <u>校花</u>는 국화입니다.

··········· [   ]

15 그 사건은 <u>世上</u>을 깜짝 놀라게 하였다.

··········· [   ]

16 자신의 <u>姓名</u>을 한자로 쓸 수 있어야 합니다. ··········· [   ]

17 상자를 만들기 위해 나무를 <u>平面</u>으로 깎았습니다. ··········· [   ]

18 아들을 찾기 위해 <u>百方</u>으로 수소문하였습니다. ··········· [   ]

19 우리 지역의 <u>市長</u> 선거가 있었습니다.

　　　‥‥‥‥‥‥‥‥‥ [　　　　]

20 국토가 <u>南北</u>으로 갈라진 것은 슬픈 일입니다. ‥‥‥‥‥ [　　　　]

21 친구에게 <u>電話</u>를 걸었습니다.

　　　‥‥‥‥‥‥‥‥‥ [　　　　]

22 문제의 <u>正答</u>이 머릿속에서 뱅뱅 돌았습니다. ‥‥‥‥‥ [　　　　]

23 책의 <u>空白</u>에 중요한 내용을 기록하였습니다. ‥‥‥‥‥ [　　　　]

24 그는 무슨 <u>心算</u>인지 아무 말 없이 가버렸습니다. ‥‥‥‥‥ [　　　　]

25 목적지까지 <u>安全</u>하게 도착했습니다.

　　　‥‥‥‥‥‥‥‥‥ [　　　　]

26 몸이 아프니 <u>萬事</u>가 귀찮습니다.

　　　‥‥‥‥‥‥‥‥‥ [　　　　]

27 방학 숙제는 <u>日記</u> 쓰기와 독서록 쓰기입니다. ‥‥‥‥‥ [　　　　]

28 어려운 <u>數學</u>문제를 스스로 해결하였습니다. ‥‥‥‥‥ [　　　　]

29 "<u>男女</u>를 차별해서는 안 된다."

　　　‥‥‥‥‥‥‥‥‥ [　　　　]

30 흥겨운 <u>四物</u>놀이 공연이 많은 박수를 받았습니다. ‥‥‥‥‥ [　　　　]

31 안개 속에서 <u>三重</u> 추돌 사고가 났습니다.

　　　‥‥‥‥‥‥‥‥‥ [　　　　]

32 사람은 때와 <u>場所</u>에 맞는 행동을 해야 합니다. ‥‥‥‥‥ [　　　　]

---

02 다음 漢字한자의 訓(훈:뜻)과 音(음:소리)을 쓰세요.
33~52번

| 보기 |

字 → [글자 자]

33 秋 [　　　　]　**34** 命 [　　　　]

35 右 [　　　　]　**36** 天 [　　　　]

37 色 [　　　　]　**38** 便 [　　　　]

39 川 [　　　　]　**40** 出 [　　　　]

41 春 [　　　　]　**42** 地 [　　　　]

43 弟 [　　　　]　**44** 寸 [　　　　]

45 午 [　　　　]　**46** 育 [　　　　]

47 東 [　　　　]　**48** 住 [　　　　]

49 道 [　　　　]　**50** 有 [　　　　]

51 邑 [　　　　]　**52** 夫 [　　　　]

03 다음 訓(훈:뜻)과 音(음:소리)에 맞는 漢字한자를 |보기|에서 골라 그 번호를 쓰세요. 53~62번

			|보기|
① 休	② 工	③ 林	④ 歌	⑤ 夕
⑥ 旗	⑦ 來	⑧ 草	⑨ 老	⑩ 車

53 노래 가 [　　] **54** 기 기 [　　]

55 풀 초 [　　] **56** 수레 거 [　　]

57 장인 공 [　　] **58** 쉴 휴 [　　]

59 올 래 [　　] **60** 저녁 석 [　　]

61 늙을 로 [　　] **62** 수풀 림 [　　]

04 다음 밑줄 친 구절의 뜻에 가장 가까운 漢字語한자어를 |보기|에서 골라 그 번호를 쓰세요. 63~64번

			|보기|
① 邑里	② 植木	③ 外食	④ 二足

63 오랜만에 온 가족이 **밖에서 식사**를 하였습니다. ········· [　　]

64 입주를 기념으로 **나무를 심었습니다.**
········· [　　]

05 다음 漢字한자의 상대 또는 반대되는 漢字한자를 |보기|에서 골라 그 번호를 쓰세요. 65~66번

			|보기|
① 小	② 少	③ 前	④ 內

65 [　　] ↔ 後 **66** 大 ↔ [　　]

06 다음 漢字語한자어의 뜻을 쓰세요. 67~68번

67 同一 : [　　]

68 直立 : [　　]

07 다음 漢字한자의 색이 다른 획은 몇 번째 쓰는지 |보기|에서 찾아 그 번호를 쓰세요. 69~70번

		|보기|
① 첫 번째	② 두 번째	③ 세 번째
④ 네 번째	⑤ 다섯 번째	⑥ 여섯 번째

69 火 ········· [　　]

70 中 ········· [　　]

04회

한자능력검정시험 7급 기출·예상문제

(사) 한국어문회 주관	
합격문항	49문항
시험시간	50분
정 답	112쪽

01 다음 漢字語한자어의 음음을 쓰세요. 01~32번

보기
漢字 → [한자]

01 外人 [   ] 02 自重 [   ]

03 寸數 [   ] 04 安住 [   ]

05 下校 [   ] 06 男便 [   ]

07 市立 [   ] 08 工學 [   ]

09 兄弟 [   ] 10 世上 [   ]

11 記名 [   ] 12 萬全 [   ]

13 王室 [   ] 14 命中 [   ]

15 農家 [   ] 16 洞里 [   ]

17 先後 [   ] 18 大氣 [   ]

19 手足 [   ] 20 靑春 [   ]

21 場所 [   ] 22 正答 [   ]

23 每年 [   ] 24 空軍 [   ]

25 植物 [   ] 26 生活 [   ]

27 同門 [   ] 28 有事 [   ]

29 小食 [   ] 30 面前 [   ]

31 百方 [   ] 32 白花 [   ]

02 다음 漢字한자의 訓(훈:뜻)과 音(음:소리)을 쓰세요.
33~52번

보기
字 → [글자 자]

33 然 [   ] 34 孝 [   ]

35 休 [   ] 36 口 [   ]

37 動 [   ] 38 主 [   ]

39 心 [   ] 40 來 [   ]

41 夫 [   ] 42 話 [   ]

43 林 [   ] 44 老 [   ]

45 祖 [   ] 46 長 [   ]

47 時 [   ] 48 旗 [   ]

49 歌 [   ] 50 夕 [   ]

51 少 [   ] 52 子 [   ]

61 풀 초 [   ] 62 셈 산 [   ]

04 다음 밑줄 친 단어의 漢字語한자어를 |보기|
에서 골라 그 번호를 쓰세요. 63~64번

| 보기 |
① 千秋   ② 邑內   ③ 海女   ④ 三間

63 아버지는 <u>읍내</u>에 가셨습니다.
.... [   ]

64 초가<u>삼간</u>에서 하룻밤을 지냈습니다.
.... [   ]

03 다음 訓(훈:뜻)과 音(음:소리)에 맞는 漢字한자를
|보기|에서 골라 그 번호를 쓰세요. 53~62번

| 보기 |
① 育   ② 算   ③ 夏   ④ 道   ⑤ 冬
⑥ 姓   ⑦ 草   ⑧ 不   ⑨ 村   ⑩ 直

53 마을 촌 [   ] 54 기를 육 [   ]

55 아닐 불 [   ] 56 성   성 [   ]

57 곧을 직 [   ] 58 여름 하 [   ]

59 길   도 [   ] 60 겨울 동 [   ]

05 다음 漢字한자와 상대, 또는 반대되는 漢字한자를
|보기|에서 골라 그 번호를 쓰세요. 65~66번

| 보기 |
① 川   ② 出   ③ 地   ④ 左

65 天 ↔ [   ] 66 [   ] ↔ 入

06 다음 漢字語한자어의 뜻을 쓰세요. 67~68번

67 月色 : [   ]

68 登山 : [   ]

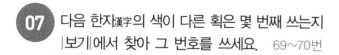

07 다음 한자漢字의 색이 다른 획은 몇 번째 쓰는지
|보기|에서 찾아 그 번호를 쓰세요. 69~70번

| 보기 |

① 첫 번째　　② 두 번째　　③ 세 번째
④ 네 번째　　⑤ 다섯 번째　　⑥ 여섯 번째
⑦ 일곱 번째　　⑧ 여덟 번째　　⑨ 아홉 번째

69  ·········· [　　　　]

70 東 ·········· [　　　　]

05회 한자능력검정시험 7급
기출·예상문제

(사) 한국어문회 주관	
합격문항	49문항
시험시간	50분
정 답	114쪽

01 밑줄 친 다음 漢字語한자어의 音(음:소리)을 쓰세요.

01~32번

| 보기 |

漢字 → [한자]

01 "너의 家門만한 집이 이 고을에 또 있을까?"
················· [   ]

02 눈보라 때문에 몇 미터 前方도 내다보기가 힘들었습니다. ···· [   ]

03 아버지는 공사 현장을 관리하는 所長입니다. ················· [   ]

04 고대 그리스로마신화에는 同名의 인물들이 다수 등장합니다. ···· [   ]

05 아람이는 數學 경시대회에서 1등을 하였습니다. ················· [   ]

06 차량의 증가로 주차 空間이 부족합니다.
················· [   ]

07 '잦은 外食 등으로 칼로리 섭취가 증가하고 있다.'고 합니다. ······ [   ]

08 동물, 식물, 곤충에 관한 自然학습을 합니다. [   ]

09 삼촌은 江村에서 자연과 더불어 사는 어부입니다. ·········· [   ]

10 색연필로 白紙 위에 카네이션을 그렸습니다. ················· [   ]

11 그는 고향에 돌아가 어린이 敎育에 힘썼습니다. ················· [   ]

12 나는 바다를 지키는 우리의 海軍이 자랑스럽습니다. ·········· [   ]

13 고지대에 사는 住民들이 가뭄으로 불편을 겪고 있습니다. ··· [   ]

14 교실에 앉아있는 男女 학생수가 반반입니다. ················· [   ]

15 날이 새면 農夫들은 밭에서 일을 합니다.
················· [   ]

16 요즈음에는 휴대전화의 영향으로 便紙를 쓰는 사람이 거의 없습니다.
················· [   ]

17 아이들은 洞口 밖으로 줄달음을 놓았습니다. ················· [   ]

18 동문들이 校歌를 합창하였습니다.
················· [   ]

19 한글은 세계 어느 **文字**보다 뛰어나다고 합니다. ················ [   ]

20 산불로 많은 **山林** 자원을 잃었습니다. ································· [   ]

21 출세보다 깨끗하고 **正直**한 삶을 살고자 하였습니다. ··········· [   ]

22 영양분이 충분히 공급되어야 **植物**이 잘 자랍니다. ··········· [   ]

23 그는 세계대회에 참가하기 위해 **出國**했습니다. ················ [   ]

24 달리기에서 **兄弟**가 나란히 1, 2위를 차지했습니다. ··········· [   ]

25 필요한 것을 **電話**로 주문하였습니다. ································· [   ]

26 그의 말을 들으니 **安心**이 되었습니다. ································· [   ]

27 우리 선수단이 기수를 앞세우고 **入場**하였습니다. ·············· [   ]

28 스무 살 **靑春**은 아름답기만 합니다. ································· [   ]

29 근래에 와서는 **每年** 풍년이 들었습니다. ····························· [   ]

30 어진 왕은 하늘을 공경하고 **百姓**을 사랑하였습니다. ··········· [   ]

31 아버지는 **休日**이면 놀러 가자는 동생들에게 들볶입니다. ···· [   ]

32 짐을 실은 트럭이 비탈진 **車道**를 힘겹게 올라갑니다. ·········· [   ]

02 다음 漢字한자의 訓(훈:뜻)과 音(음:소리)을 쓰세요.
33~52번

| 보기 |
字 → [글자 자]

33 老 [   ]   34 物 [   ]

35 算 [   ]   36 室 [   ]

37 語 [   ]   38 邑 [   ]

39 時 [   ]   40 氣 [   ]

41 來 [   ]   42 旗 [   ]

43 重 [   ]   44 韓 [   ]

45 記 [   ]   46 冬 [   ]

47 里 [   ]   48 主 [   ]

49 面 [   ]   50 地 [   ]

51 萬 [   ]   52 夕 [   ]

03 다음 訓(훈:뜻)과 音(음:소리)에 맞는 漢字한자를 |보기|에서 골라 그 번호를 쓰세요. 53~62번

|보기|
① 孝 ② 千 ③ 夏 ④ 動 ⑤ 活
⑥ 秋 ⑦ 南 ⑧ 事 ⑨ 草 ⑩ 川

53 풀   초 [   ] 54 일천 천 [   ]

55 가을 추 [   ] 56 내   천 [   ]

57 움직일동 [   ] 58 살   활 [   ]

59 일   사 [   ] 60 효도 효 [   ]

61 남녘 남 [   ] 62 여름 하 [   ]

04 다음 밑줄 친 구절의 뜻에 가장 가까운 漢字語한자어를 |보기|에서 골라 그 번호를 쓰세요. 63~64번

|보기|
① 祖夫母 ② 白色 ③ 祖父母 ④ 百色

63 우리 민족은 **흰색**의 옷을 좋아합니다.
   .... [   ]

64 내일 **할아버지와 할머니**께서 서울에 오신다고 합니다. .... [   ]

05 다음 漢字한자의 상대 또는 반대되는 漢字한자를 |보기|에서 골라 그 번호를 쓰세요. 65~66번

|보기|
① 大   ② 老   ③ 答   ④ 間

65 [   ] ↔ 少 66 問 ↔ [   ]

06 다음 밑줄 친 漢字語한자어의 뜻을 쓰세요. 67~68번

67 우리 팀은 **前年**도 우승 팀을 이겼습니다.
   : [   ]

68 다은이가 **入學** 시험에 합격하였습니다.
   : [   ]

07 다음 漢字한자의 색이 다른 획은 몇 번째 쓰는지 |보기|에서 찾아 그 번호를 쓰세요. 69~70번

|보기|
① 첫 번째   ② 두 번째   ③ 세 번째
④ 네 번째   ⑤ 다섯 번째 ⑥ 여섯 번째
⑦ 일곱 번째 ⑧ 여덟 번째 ⑨ 아홉 번째
⑩ 열 번째   ⑪ 열한 번째 ⑫ 열두 번째

69 時 .... [   ]

70 命 .... [   ]

(사) 한국어문회 주관

한자능력
검정시험

정답 및 해설 7급

▷ 예상문제 1회 ~ 10회
▷ 기출 · 예상문제 1회 ~ 5회

01회 예상문제   21쪽~23쪽

01	오륙	02	강동	03	문학	04	노모
05	읍장	06	육림	07	춘천	08	효자
09	가수	10	불편	11	오전	12	휴일
13	백기	14	왕도	15	전면	16	월출
17	기색	18	부족	19	교화	20	북해
21	국립	22	추석	23	산수	24	수력
25	대입	26	성명	27	내당	28	농가
29	문안	30	명중	31	생물	32	만사
33	④	34	②	35	말씀 화	36	살 주
37	빌 공	38	종이 지	39	그럴 연	40	마을 촌
41	할아비 조	42	모 방	43	군사 군	44	저자 시
45	집 실	46	살 활	47	기록할 기	48	글자 자
49	번개 전	50	움직일 동	51	인간 세	52	마을 리
53	매양 매	54	심을 식	55	⑧	56	⑩
57	④	58	⑥	59	②	60	①
61	③	62	⑤	63	⑨	64	⑦
65	③	66	②	67	나무를 심음		
68	차에서 내림			69	③	70	⑥

해설

01 五六(오륙)▶(다섯 오)(여섯 륙)
→ '六'자의 본음은 '륙'이나 쓰임에 따라 발음이 달라지는 글자입니다.
참 六月(유월). 五六月(오뉴월).

02 江東(강동)▶(강 강)(동녘 동)
* 강동(江東) : 평안남도 강동군에 있는 면. [군청 소재지로, 대동강 중류의 평야지대에 있으며, 농산물의 집산지이다.]

04 老母(노모)▶(늙을 로)(어미 모) : 늙은 어머니.
→ '老'자의 본래 소리는 '로'이나 낱말의 첫 음절에서는 '두음법칙'에 의해 '노'로 적습니다. 첫 음절에 'ㄴ'이나 'ㄹ'이 올 때에는 'ㄴ'은 'ㅇ'으로, 'ㄹ'은 'ㄴ'이나 'ㅇ'으로 발음이 변하기 때문입니다.
참 34. 來韓(래한 → 내한).

05 邑長(읍장)▶(고을 읍)(긴 장) : 지방 행정 구역인 읍의 사무를 통할하는 책임자.
→ '長(긴 장)'자의 '긴'은 '길다, 길이, 오래다' 등을 뜻합니다. 그러나, 邑長(읍장)·班長(반장)·校長(교장)·會長(회장) 등과 같이 쓰일 때에는 '책임자', '우두머리'의 뜻을 더하는 접미사입니다.

06 育林(육림)▶(기를 육)(수풀 림)
: 나무를 심거나 씨를 뿌려 나무를 가꾸는 일.

09 歌手(가수)▶(노래 가)(손 수)
→ 여기에서 '手'자는 木手(목수), 소방수(消防手) 등과 같이 '그것을 직업으로 하는 사람'의 뜻을 더하는 접미사입니다.

13 白旗(백기)▶(흰 백)(기 기) : 흰 빛깔의 기.
→ '白旗'는 '항복의 표시'로 쓰기도 하고, (일기예보에서) '맑음'을 나타낼 때 쓰기도 합니다.

14 王道(왕도)▶(임금 왕)(길 도)
: ① 임금으로서 마땅히 지켜야 할 도리. ② 어진 덕을 근본으로 천하를 다스리는 도리.

15　全面(전면)▶(온전 전)(낯　면)
　　: 모든 면, 또는 모든 부문.

18　不足(부족)▶(아닐 불)(발　족) : 필요한 양이나
　　기준에 미치지 못함. 넉넉하지 않음.
　　→ '不'자의 본래 소리는 '불'이나 뒤에 'ㄷ'이나
　　'ㅈ'으로 시작하는 말이 오면 '부'로 읽습니다.

25　大入(대입)▶(큰　대)(들　입)
　　: '대학교 입학'의 줄임말.

27　內堂(내당)▶(안　내)(집　당) : 안방.

30　命中(명중)▶(목숨 명)(가운데 중)
　　: 화살이나 총알 따위가 겨냥한 곳에 바로 맞음.
　　→ 여기에서 '命'자는 '표적'을 뜻하고, '中'자는
　　'~에 맞다'를 뜻합니다.

34　來韓(내한)▶(올　래)(나라 한)
　　: 외국인이 한국에 옴.
　　→ '來'자의 본음은 '래'이나 낱말의 첫 음절에
　　서는 '두음법칙'에 의해 '내'로 적습니다.
　　참 '(외국에 있던 사람이) 자기 나라로 돌아가거
　　나 돌아오는 것'은 '귀국(歸國)', 또는 '환국(還
　　國)'이라고 합니다.

53　'每(매양 매)'자의 '매양'은 '번번이'라는 말로,
　　뜻이 비슷한말로는 '때마다, 늘, 여러 번 다, 항
　　상' 등이 있습니다.

61　'工(장인 공)'자의 '장인(匠人)'은 '손으로 물건을
　　만드는 일을 업으로 하는 사람'을 이르는 말입
　　니다.

69　正(바를 정 : 총5획)▶ 一 丁 下 正 正
　　→ 가로획과 세로획을 번갈아 가면서 씁니다.

70　門(문　문 : 총8획)▶ ｜ 冂 冂 冂 冂' 門 門 門
　　→ 왼쪽을 먼저 쓰고 오른쪽을 나중에 씁니다.

02회 예상문제　24쪽~26쪽

01	식사	02	등교	03	휴지	04	촌수
05	조상	06	전국	07	시장	08	화기
09	만물	10	동문	11	시간	12	수초
13	효녀	14	출세	15	이장	16	수화
17	자력	18	연후	19	정답	20	남편
21	활동	22	삼중	23	육일	24	동방
25	공중	26	강촌	27	춘추	28	남산
29	사족	30	직전	31	국어	32	선금
33	①	34	③	35	군사 군	36	심을 식
37	북녘 북	38	기 기	39	나라 한	40	평평할 평
41	골 동	42	집 실	43	바다 해	44	가르칠 교
45	글월 문	46	낯 면	47	땅[따] 지	48	바 소
49	푸를 청	50	농사 농	51	왼 좌	52	노래 가
53	주인 주	54	종이 지	55	⑤	56	④
57	⑩	58	①	59	③	60	②
61	⑨	62	⑥	63	⑦	64	⑧
65	④	66	①	67	외할아버지		
68	적어 넣음, 써넣음	69	①	70	⑧		

해설

02　登校(등교)▶(오를 등)(학교 교)
　　: 학교에 감. 여기에서 '登'자는 '나가다'를 뜻합
　　니다.

04　寸數(촌수)▶(마디 촌)(셈　수)
　　: 친족 사이의 멀고 가까운 관계를 나타내는 수.
　　→ 여기에서 '寸'은 '친족 관계의 멀고 가까움을
　　나타내는 단위'를 나타냅니다.

08　火氣(화기)▶(불　화)(기운 기) : 불기운.

10 同門(동문)▶(한가지 동)(문　문)
: 같은 학교나 같은 스승에게서 배운 사람.

12 水草(수초)▶(물　수)(풀　초)
: 물속이나 물가에서 자라는 풀.

14 出世(출세)▶(날　출)(인간 세)
: 사회적으로 지위가 높아지거나 유명하게 됨.

15 里長(이장)▶(마을 리)(긴　장)
: '里'자의 본래 소리는 '리'이나 낱말의 첫 음절
에서는 '두음법칙'에 의해 '이'로 적습니다.

18 然後(연후)▶(그럴 연)(뒤　후) : 그런 뒤.

23 六日(육일)▶(여섯 륙)(날　일)
: '六'자는 쓰임에 따라 소리가 달라지는 글자이
므로 독음에 주의해야 합니다.
참 六月(유월). 五六月(오뉴월). 五六(오륙).

27 春秋(춘추)▶(봄　춘)(가을 추)
: ① 봄가을. ② 해. 일년. ③ '어른의 나이'를 높
여 이르는 말.

29 四足(사족)▶(넉　사)(발　족)
: 짐승의 네 발, 또는 네 발 가진 짐승.

30 直前(직전)▶(곧을 직)(앞　전)
: 어떤 일이 일어나기 바로 전.
반 직후(直後).

31 國語(국어)▶(나라 국)(말씀 어)
: 국민 전체가 쓰는 그 나라의 고유한 말.
→ '語(말씀 어)'자는 '話(말씀 화)'자와 혼동하
기 쉬우니 주의해야 합니다.

32 先金(선금)▶(먼저 선)(쇠　금)
: 무엇을 사거나 세낼 때에 그 값의 일부 또는
전부를 먼저 치르는 돈.

33 百花(백화)▶(일백 백)(꽃　화) : 온갖 꽃.
→ 여기에서 '百'자는 '여러, 온갖' 등을 뜻합니다.

참 '白花'는 '흰 꽃'을 뜻합니다.

34 年下(연하)▶(해　년)(아래 하)
: (서로 비교하여) 나이가 적음, 또는 그런 사람.

37 '北(북녘 북)'자의 '녘'은 '쪽·방향', 또는 '어떤
때의 무렵'을 이르는 말로, '녁'으로 쓰는 것은
잘못입니다.

40 '平(평평할 평)'자는 '乎(어조사 호)'자와 서로
모양이 비슷하여 혼동하기 쉬운 글자입니다.

46 '面(낯 면)'자의 '낯'은 '눈·코·입 따위가 있는
얼굴', 또는 '남을 대할 만한 체면' 등을 이르는
말로, '해가 뜰 때부터 질 때까지의 동안'을 뜻
하는 '낮'과는 쓰임이 다릅니다.

56 '算(셈 산)'자의 '셈'은 '수를 세는 일'을 이르는
말로, '땅에서 솟아 나오는 물'을 뜻하는 '샘'과
는 전혀 다른 뜻으로 쓰는 말입니다. 따라서
'샘 산'이라고 쓰는 것은 잘못입니다.

66 老少(노소)▶(늙을 로)(젊을 소)
: 늙은이와 젊은이.
→ '少'자와 서로 뜻이 상대되는 한자는 '老'자
이외에 '多(많을 다)'자도 있습니다.

69 民(백성 민 : 총5획)▶ 𠃌 𠃌 𠃌 𠃌 民
→ 오른쪽 어깨 부분과 아랫부분을 구분하여
먼저 씁니다.

70 直(곧을 직 : 총8획)▶ 一 十 十 古 古 直 直 直
→ 감싸는 획은 맨 나중에 씁니다.

03회 예상문제
27쪽~29쪽

01	자동	02	내면	03	한국	04	한강
05	차도	06	대자	07	성명	08	선조
09	민간	10	편지	11	장남	12	석식
13	해외	14	매시	15	세사	16	천안
17	부로	18	천만	19	남촌	20	주소
21	농지	22	전년	23	화림	24	학생
25	기수	26	청군	27	산천	28	문물
29	부인	30	식목	31	직립	32	활력
33	④	34	③	35	왼 좌	36	그럴 연
37	장인 공	38	번개 전	39	목숨 명	40	뒤 후
41	마당 장	42	있을 유	43	무거울 중	44	저자 시
45	기를 육	46	온전 전	47	아우 제	48	오를 등
49	가을 추	50	골 동	51	어미 모	52	작을 소
53	말씀 어	54	겨울 동	55	⑥	56	⑧
57	①	58	⑩	59	②	60	③
61	⑦	62	④	63	⑨	64	⑤
65	③	66	①	67	나가는 곳. 날목		
68	황금빛, 황금같이 광택이 나는 누런색						
69	③	70	④				

해설

02 內面(내면)▶(안   내)(낯   면) : 물건의 안쪽.
→ 여기에서 '面'자는 ① 표면. ② 무엇을 향하고 있는 쪽을 뜻합니다.

05 車道(차도)▶(수레 차)(길   도) : 찻길.
→ '車'자는 쓰임에 따라 '거' 또는 '차'로 읽습니다.

08 先祖(선조)▶(먼저 선)(할아비 조)
: 먼 윗대의 조상. 한집안의 시조(始祖).

09 民間(민간)▶(백성 민)(사이 간)
: 일반 백성들 사이.
→ '間(사이 간)'자는 '問(물을 문), 閑(한가할 한), 閒(사이 간, 한가할 한)'자 등과 혼동하기 쉬운 글자입니다.

11 長男(장남)▶(긴   장)(사내 남) : 맏아들.
→ '長(긴 장)'자의 '긴'은 '길다, 길이, 오래다' 등을 뜻합니다. 그러나 '長男'에서의 '長'은 '맏이, 처음'을 뜻합니다.

14 每時(매시)▶(매양 매)(때   시) : 매시간.
→ '每'자는 '母(어미 모)'자와 서로 모양이 비슷하여 혼동하기 쉬운 글자입니다.

15 世事(세사)▶(인간 세)(일   사)
: 세상일. 세상에서 일어나는 온갖 일. '세상사(世上事)'의 줄임말.

17 父老(부로)▶(아비 부)(늙을 로)
: 한 동네에서 나이가 많은 남자 어른을 높여 이르는 말.

18 千萬(천만)▶(일천 천)(일만 만)
: ① 만의 천 배가 되는 수. ② 아주 많은 수효. ③ 아주. 전혀.

25 旗手(기수)▶(기   기)(손   수)
: ① 대열의 앞에서 기를 드는 사람. ② 기를 들고 신호하는 일을 맡은 사람. ③ 사회 활동의 대표로서 앞장서서 이끄는 사람.
→ 여기에서 '手'자는 목수(木手), 소방수(消防手) 등과 같이 '그것을 직업으로 하는 사람'의 뜻을 더하는 접미사입니다.

27 山川(산천)▶(메　산)(내　천)

→ 서로 뜻이 상대되는 한자로 결합된 반대자
입니다.

→ '山'자와 서로 뜻이 상대되는 한자는 '川'자
이외에 '江(강 강)'자도 있습니다.

28 文物(문물)▶(글월 문)(물건 물)

: 정치 · 경제 · 종교 · 예술 · 법률 등 문화의 산물.

29 夫人(부인)▶(지아비 부)(사람 인)

: 남의 아내를 높여 이르는 말.

33 '下校(하교)'는 '登校(등교)'의 뜻과 서로 상대되
는 반대어입니다. '옛날에는 학교가 언덕에 있
었기 때문에 공부를 마치면 언덕에서 내려온
다.'는 뜻에서 생긴 말입니다.

44 '市(저자 시)'자의 '저자'는 '사람이 많이 모여 시
끌시끌한 시장'을 뜻합니다.

46 '全(온전 전)'자는 '入(들 입) + 王(임금 왕)자'가
결합하여 이루어진 글자입니다.

50 '洞(골 동)'자의 '골'은 '골짜기, 고을' 등을 이르는
말입니다.

66 問答(문답)▶(물을 문)(대답 답) : 물음과 대답.

68 金色(금색)▶(쇠　금)(빛　색)

→ 金자는 뜻에 따라 소리가 달라지는 글자입
니다.

참 金(쇠 금, 성 김).

69 平(평평할 평 : 총5획)▶ 一 一 亓 亓 平

→ 위에서부터 아래로 내려쓰며, 뚫고 지나는
획은 맨 나중에 씁니다.

70 北(북녘　북 : 총5획)▶ 丨 丬 丬 圠 北

→ '匕(비수 비)'자는 삐침[별 : 丿]을 먼저 쓰
고, 乚을 나중에 씁니다.

04회 예상문제

30쪽~32쪽

01	불효	02	대문	03	공부	04	수하
05	전화	06	동구	07	왕자	08	교실
09	국기	10	사촌	11	내년	12	조상
13	평지	14	가내	15	역도	16	기사
17	인간	18	생활	19	남편	20	편지
21	읍면	22	농토	23	칠석	24	강남
25	공백	26	화식	27	전후	28	수차
29	세부	30	만유	31	명답	32	등산
33	③	34	①	35	온전 전	36	아우 제
37	성 성	38	바다 해	39	살 주	40	발 족
41	무거울 중	42	쉴 휴	43	꽃 화	44	동녘 동
45	늙을 로	46	여름 하	47	빛 색	48	겨울 동
49	설 립	50	적을 소	51	움직일 동	52	때 시
53	마당 장	54	스스로 자	55	②	56	⑦
57	⑨	58	①	59	⑥	60	④
61	⑤	62	⑩	63	③	64	⑧
65	②	66	③	67	시를 대표하는 책임자		
68	나무를 심어 숲을 가꾸는 일					69	⑦
70	⑨						

해설

04 手下(수하)▶(손　수)(아래 하)

: ① 손아래. ② 부하(部下).

→ '손아래'는 '나이 · 항렬 따위가 자기보다 아
래이거나 낮은 관계에 있는 사람'을 이르는 말
로, 반대어는 '수상(手上)'이며, 순우리말로 '손
위'라고 합니다.

06 洞口(동구)▸(골 동)(입 구) : ① 동네 어귀. ② 절로 들어가는 산문(山門)의 어귀.

10 四寸(사촌)▸(넉 사)(마디 촌)
: ① 네 치. ② 아버지의 친형제자매의 아들딸과의 촌수.
→ 여기에서 '치'는 '길이의 단위'로, 한 치는 약 3.33cm에 해당합니다.
참 '外四寸'은 '어머니의 남매, 또는 자매의 아들이나 딸과의 촌수'를 말함.

11 來年(내년)▸(올 래)(해 년)
: 올해의 바로 다음 해.
→ '來'자는 본래 소리가 '래'이나 낱말의 첫 음절이 'ㄹ'로 시작할 때에는 'ㄴ'이나 'ㅇ'으로 적습니다.

15 力道(역도)▸(힘 력)(길 도) : 역기(力器)를 들어올려 그 무게의 기록을 겨루는 경기.
→ '力'자는 본래 소리가 '력'이나 낱말의 첫 음절에서는 '두음법칙'에 의해 '역'으로 적습니다.

16 記事(기사)▸(기록할 기)(일 사)
: ① 사실을 적음. ② 신문이나 잡지 등에 어떤 사실을 실어 알리는 글.

18 生活(생활)▸(날 생)(살 활)
: 일정한 환경에서 활동하며 살아감.
→ '生活'은 서로 뜻이 비슷한 한자로 결합된 유의자입니다.

20 便紙(편지)▸(편할 편)(종이 지)
: 소식을 서로 알리거나, 용건을 적어 보내는 글.
→ '便'자는 쓰임에 따라 뜻과 소리가 달라지는 글자입니다.
참 便(편할 편, 똥오줌 변).

27 前後(전후)▸(앞 전)(뒤 후)
→ 서로 뜻이 상대되는 한자로 결합된 반대자입니다. '後'자와 뜻이 상대되는 한자는 '前'자 이외에 '先(먼저 선)'자도 있습니다.

28 水車(수차)▸(물 수)(수레 차) : 물레방아.

29 世父(세부)▸(인간 세)(아비 부)
: '집안의 대를 잇는 아버지'라는 뜻으로, '큰아버지', 즉 '백부(伯父)'를 이르는 말.

30 萬有(만유)▸(일만 만)(있을 유)
: 우주에 존재하는 모든 것.

33 不正(부정)▸(아닐 불)(바를 정)
: 올바르지 않거나 옳지 못함.
→ '不'자의 본래 소리는 '불'이나 'ㄷ'이나 'ㅈ'으로 시작하는 말의 앞에서는 '부'로 읽습니다.

54 '自(스스로 자)'자는 '스스로, 몸소, 자연히, 저절로, ~로부터' 등의 뜻으로 쓰이는 한자입니다.

58 '方(모 방)'자는 '모서리, 각, 방향, 방위, 바야흐로' 등의 뜻으로 쓰이는 한자입니다.

63 '千(일천 천)'자는 干(방패 간)자와 서로 모양이 비슷하여 혼동하기 쉬운 글자입니다. '千(천)'자의 위는 '丿(별)'자이고, '干(간)'자의 위는 '一(일)'자입니다.

65 日月(일월)▸(날 일)(달 월)
: 해와 달. 날과 달.

67 市長(시장)▸(저자 시)(긴 장)
→ 여기에서 '長'은 '어른', 또는 '우두머리'를 뜻합니다.

69 每(매양 매 : 총7획)▸ 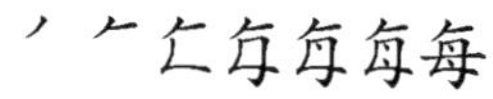
→ 뚫고 지나는 획은 맨 나중에 씁니다.

70 軍(군사 군 : 총9획)▸ 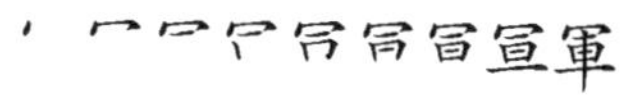
→ 위에서부터 아래로 내려쓰고, 뚫고 지나는 획은 맨 나중에 씁니다.

05회 예상문제　　33쪽~35쪽

01	⑤	02	②	03	④	04	⑥
05	⑦	06	⑥	07	⑤	08	⑧
09	⑦	10	④	11	안전	12	문간
13	등기	14	석식	15	교시	16	교육
17	오전	18	농장	19	북한	20	사물
21	촌로	22	부족	23	장녀	24	공기
25	소유	26	금색	27	하차	28	외면
29	화초	30	수만	31	기 기	32	셈 산
33	올 래	34	쉴 휴	35	물을 문	36	집 실
37	길 도	38	손 수	39	저자 시	40	주인 주
41	심을 식	42	종이 지	43	수풀 림	44	말씀 화
45	살 주	46	글월 문	47	곧을 직	48	서녘 서
49	⑦	50	⑩	51	②	52	①
53	⑤	54	③	55	⑨	56	④
57	⑧	58	⑥	59	동, 서, 남, 북(네 방위)		
60	아버지의 형제			61	④	62	①
63	②	64	④	65	③	66	①
67	①	68	④	69	③	70	②

해설 🎯

01 春秋(춘추)▶(봄　춘)(가을 추)
: '봄과 가을'을 뜻하기도 하고 '어른의 나이를 높여 이르는 말'로 쓰이기도 합니다.

05 東海(동해)▶(동녘 동)(바다 해)
: 우리나라 동쪽의 바다.

06 空軍(공군)▶(빌　공)(군사 군)

: 항공기를 이용하여 공중에서 공격과 방어의 임무를 수행하는 군대.
　*上空(상공)▶(윗　상)(빌　공) : 높은 하늘.

07 姓名(성명)▶(성　성)(이름 명) : 성과 이름.
　*百姓(백성)▶(일백 백)(성　성)
　: 일반 국민을 예스럽게 이르는 말.

08 名山(명산)▶(이름 명)(메　산) : 이름난 산.
　*萬名(만명)▶(일만 만)(이름 명)
→ 여기에서 '名'자는 '사람을 세는 단위'로, 실제 쓸 때에는 '만 명'처럼 '띄어쓰기'를 해야 합니다.

09 漢江(한강)▶(한수 한)(강　강)
: 우리나라 중부를 흐르는 강.
　*北漢山(북한산)▶(북녘 북)(한수 한)(메　산)
　: 서울특별시의 북부와 경기도 고양시 사이에 있는 산.
→ '북한산'의 '한'자를 '韓'자로 쓰는 것은 잘못입니다.

10 國立(국립)▶(나라 국)(설　립)
: 나라의 예산으로 세우고 관리함. 🔁 사립(私立).
　*出國(출국)▶(날　출)(나라 국)
　: 다른 나라로 가기 위하여 국경 밖으로 나감.

12 門間(문간)▶(문　문)(사이 간)
: 대문이나 중문(重門) 따위의 출입문이 있는 곳.

13 登記(등기)▶(오를 등)(기록할 기)
: 권리 또는 사실을 널리 밝히기 위하여 등기부에 일정한 권리관계를 적는 일.

20 事物(사물)▶(일　사)(물건 물) : ① 일과 물건.
② 물질세계에 있는 모든 개별적인 존재.

22 不足(부족)▶(아닐 불)(발　족)
→ '不足'에서 '不'자는 '부'라고 읽습니다.

23 長女(장녀)▶(긴　장)(계집 녀) : 맏딸.

25 所有(소유)▶(바　소)(있을 유)
: 자기 것으로 가지고 있음.

28 外面(외면)▶(바깥 외)(낯　면)
: ① 겉면. ② 마주치기를 꺼려 얼굴을 돌림.

30 數萬(수만)▶(셈　수)(일만 만)
: 만의 두서너 배가 되는 수.

39 '市(저자 시)'자의 '저자'는 '시장(市場)'을 예스
럽게 이르는 말로, '시장에서 물건을 파는 가게'
를 뜻하기도 합니다.

45 '住(살 주)'자의 '살'은 '살다, 거처, 살고 있는
사람' 등을 뜻합니다.

46 '文(글월 문)'자의 '글월'은 '글이나 문장' 또는
'편지'를 이르는 말입니다.

58 '活(살 활)'자의 '살'은 '살다, 생기가 있다. 태어
나다' 등을 뜻합니다.

61 地(땅[따] 지 : 총6획)▶ 一 十 土 圵圵地
→ 왼쪽의 土자를 먼저 쓰고, 오른쪽의 也자를
씁니다.

62 出(날　출 : 총5획)▶ ｜ 屮 屮 出 出
→ '｜'을 먼저 쓰고, 부수 '凵'을 위에서부터 아
래로 반복하여 씁니다.

65 江山(강산)▶(강　강)(메　산)
: '강과 산'이라는 뜻에서, '자연의 경치'를 이르
는 말입니다.

66 先後(선후)▶(먼저 선)(뒤　후)
: 먼저와 나중. 앞서거니 뒤서거니 함.

67 每日(매일)▶(매양 매)(날　일)
: '날마다, 일일(日日), 하루하루마다.' 등으로
표현할 수 있습니다.

06회 예상문제
36쪽~38쪽

01	연로	02	하차	03	휴교	04	중대
05	입학	06	촌지	07	입동	08	수천
09	소장	10	도력	11	좌편	12	십리
13	산출	14	백기	15	민간	16	문장
17	외가	18	식목	19	북방	20	등장
21	공중	22	동천	23	주색	24	강해
25	동문	26	만전	27	유월	28	활기
29	상오	30	동내	31	수기	32	화림
33	매양 매	34	스스로 자	35	마을 촌	36	저녁 석
37	편안 안	38	장인 공	39	기를 육	40	여름 하
41	아우 제	42	인간 세	43	쇠금, 성김	44	말씀 화
45	저자 시	46	대답 답	47	가르칠 교	48	농사 농
49	지아비 부	50	집 실	51	푸를 청	52	평평할 평
53	④	54	①	55	넉넉하지 않음 / 필요한 양이나 기준에 모자람		
56	외국인이 한국에 옴						
57	①	58	④	59	⑦	60	⑧
61	⑤	62	②	63	⑥	64	③
65	②	66	④	67	③	68	②
69	⑥	70	⑤				

해설

01 年老(연로)▶(해　년)(늙을 로)
: 나이가 들어서 늙음.
→ '年'자는 본래 소리가 '년'이나 낱말의 첫 음
절에서는 '두음법칙'에 의해 '연'으로 읽습니다.
참 첫 음절의 'ㄴ'은 'ㅇ'으로 읽고 적습니다.

02 下車(하차)▶(아래 하)(수레 차) : 차에서 내림.

03 休校(휴교)▶(쉴　휴)(학교 교)
: 학교가 학생을 가르치는 업무를 한동안 쉬거
나 학생이 수업 받는 일을 한동안 쉼.

04 重大(중대)▶(무거울 중)(큰　　대)
: 가볍게 여길 수 없을 만큼 아주 중요하고 큼.

06 寸紙(촌지)▶(마디 촌)(종이 지)
: 짧은 편지. 작은 종이쪽지.
→ 여기에서 '寸'은 '짧거나 작은 것'을 뜻합니다.

07 立冬(입동)▶(설　립)(겨울 동)
: 상강(霜降)과 소설(小雪) 사이로, 이때부터 겨
울이 시작된다는 이십사절기의 하나.
→ 여기에서 '立'자는 '세우다, 나타나다' 등을
뜻합니다.

09 所長(소장)▶(바　소)(긴　장) : ① 연구소·사
무소·파출소 등과 같이 '소(所)'라고 이름 붙인
곳의 우두머리. ② 자기의 장점(長點).

10 道力(도력)▶(길　　도)(힘　　력)
: 도를 닦아서 얻은 능력.

16 文章(문장)▶(글월 문)(글　　장)
→ 서로 뜻이 비슷한 한자로 결합된 한자어입
니다.

22 動天(동천)▶(움직일 동)(하늘 천)
: 세력이나 사건이 매우 커서 하늘을 움직임.
하늘을 감동시킴.

23 主色(주색)▶(주인 주)(빛　　색)
: ① 밑바탕을 이루는 색깔. ② 빛깔의 중심이
되는 빨강·파랑·노랑·초록의 네 가지.

26 萬全(만전)▶(일만 만)(온전 전)
: 조금도 허술한 데가 없이 아주 완전함.

27 六月(유월)▶(여섯 륙)(달　　월)
→ '六'자는 쓰임에 따라 소리가 달라지는 글자
입니다. 특히, '月'자 앞에서는 '유', 또는 '뉴'로

적습니다. 참 五六月(오뉴월). 六月(유월).

31 手記(수기)▶(손　수)(기록할 기) : ① 자신의 체
험을 직접 쓴 기록. ② 글이나 글씨를 직접 씀.

32 花林(화림)▶(꽃　　화)(수풀 림)
: 꽃나무로 이루어진 숲.

43 金(쇠 금)자는 뜻에 따라 소리가 달라지는 글자
입니다. 참 金(쇠 금, 성 김)

55 不足(부족)▶(아닐 불)(발　족)
→ 여기에서 '足'자는 '만족하다, 넉넉하다' 등을
뜻합니다.

56 來韓(내한)▶(올　　래)(나라 한)
→ '來'자의 본래 소리는 '래'이나 낱말의 첫 음
절에서는 '두음법칙'에 의해 '내'로 적습니다.

58 '姓(성 성)'은 혈족(血族)·혈통(血統)을 나타내
기 위하여 붙이는 칭호를 뜻합니다.

61 '面(낯 면)'의 '낯'은 '얼굴의 표면' 또는 '남을 대
할 만한 체면'을 뜻합니다.

67 人山人海(인산인해)
▶(사람 인)(메　　산)(사람 인)(바다 해)
: '사람이 산을 이루고 바다를 이루었다.'는 뜻
으로, '사람이 헤아릴 수 없을 정도로 많이 모
인 상태'를 이르는 말.

68 二八靑春(이팔청춘)
▶(두　　이)(여덟 팔)(푸를 청)(봄　　춘)
: 나이가 열여섯 살가량 된 꽃다운 청춘, 또는
혈기 왕성한 젊은 시절.
참 二八 = 2×8 = 16. 二十八 = 28.

69 西(서녘 서 : 총6획)▶ 一丆丆兀西西
→ 口자의 아래 획[一]은 맨 나중에 씁니다.

70 母(어미 모 : 총5획)▶ ㄴ 乃 乃 母 母
→ 뚫고 지나는 획[一]은 맨 나중에 씁니다.

07회 예상문제
39쪽~41쪽

01	입하	02	간색	03	사면	04	효도
05	공학	06	불안	07	실내	08	외래
09	수거	10	전력	11	식구	12	초가
13	여자	14	남편	15	선조	16	천연
17	연로	18	자문	19	장소	20	청기
21	강남	22	농사	23	생활	24	공해
25	교가	26	만물	27	평민	28	주동
29	직전	30	인명	31	촌심	32	국군
33	저자 시	34	쉴 휴	35	흙 토	36	있을 유
37	낮 오	38	말씀 어	39	번개 전	40	심을 식
41	아우 제	42	골 동	43	서녘 서	44	셈 산
45	목숨 명	46	마을 촌	47	오를 등	48	아홉 구
49	적을 소	50	글월 문	51	매양 매	52	뒤 후
53	종이(로 만든) 꽃			54	언니의 남편		
55	③	56	⑧	57	②	58	④
59	⑤	60	⑥	61	⑦	62	①
63	④	64	③	65	②	66	⑤
67	②	68	①	69	③	70	②

해설

01 立夏(입하)▶(설 립)(여름 하)
: 곡우와 소만 사이로, 이때부터 여름이 시작된다는 이십사절기의 하나.
→ '立'자의 본래 소리는 '립'이나 낱말의 첫 음절에서는 '두음법칙'에 의해 '입'으로 읽고 적습니다.

02 間色(간색)▶(사이 간)(빛 색)
: 빨강, 노랑, 파랑, 하양, 검정 가운데 둘 이상의 색을 섞어 낸 색.

03 四面(사면)▶(넉 사)(낯 면)
: 전후좌우(前後左右)의 모든 방면. 사방(四方).

08 外來(외래)▶(바깥 외)(올 래)
: 밖에서 옴, 외국에서 옴.

09 手車(수거)▶(손 수)(수레 거)
: 손수레. 인력거(人力車).
→ '車'자는 쓰임에 따라 뜻과 소리가 달라지는 글자입니다.
참 '車(수레 거, 수레 차)'자는 '사람의 힘으로 움직이는 수레'를 뜻할 때에는 '거'라고 읽습니다.

13 女子(여자)▶(계집 녀)(아들 자)
→ '女'자의 본래 소리는 '녀'이나 낱말의 첫 음절에서는 '두음법칙'에 의해 '여'로 읽고 적습니다.

16 天然(천연)▶(하늘 천)(그럴 연)
: ① 사람의 힘으로 달리 만들지 아니한 자연 그대로의 상태. ② 사람의 힘으로 움직이거나 변화시킬 수 없는 상태.

17 年老(연로)▶(해 년)(늙을 로)
: 나이가 들어서 늙음.
→ 여기에서 '年'자는 '나이, 연령'을 뜻합니다.

18 自問(자문)▶(스스로 자)(물을 문)
: 스스로 자신에게 물음.
→ '自'자는 '白(흰 백)'자와 서로 모양이 비슷하여 혼동하기 쉬운 글자입니다.

23 生活(생활)▶(날 생)(살 활)
→ 서로 뜻이 비슷한 한자로 결합된 한자어입니다.

24 空海(공해)▶(빌 공)(바다 해)
: ① 하늘처럼 끝없는 바다. ② 바다와 같은 푸른 하늘.

26 萬物(만물)▶(일만 만)(물건 물)
: 세상에 있는 모든 것.

28　主動(주동)▶(주인 주)(움직일 동)
：어떤 일에 주장이 되어 행동함.

29　直前(직전)▶(곧을 직)(앞　전)
：일이 일어나기 바로 전.

31　寸心(촌심)▶(마디 촌)(마음 심)
：속으로 품은 작은 마음.
→ '寸心'은 '말하는 사람이 자신의 생각을 낮추
어' 말할 때 쓰기도 합니다.

37　'午(낮 오)'자는 '牛(소 우)'자와 모양이 비슷하
여 혼동하기 쉬운 글자입니다.

49　'少(적을 소)'자는 '多(많을 다)'자와 쓰일 때에
는 '적을 소'의 뜻으로, '老(늙을 로)'자와 쓰일
때에는 '젊을 소'의 뜻으로 쓰입니다.

60　'地(땅[따] 지)'자의 '따'는 '땅'의 옛말로, 일부의
명사 앞에 붙어서 '땅'의 뜻을 더하는 접두사로
쓰입니다.

63　上下(상하)▶(윗　상)(아래 하)
：① 위와 아래. ② 윗사람과 아랫사람. ③ 귀하
고 천함. ④ 오르고 내림.

64　山川(산천)▶(메　산)(내　천)
：'산과 내'라는 뜻으로, '자연'을 이르는 말.

65　內(안 내 : 총4획)▶ㅣ 冂内内 / ㅣ 冂内内
→ '內'자의 부수는 '入(들 입)'자이나 보통 쓸
때에는 '人(사람 인)'자로 쓰기도 합니다. 그렇
다고 內자의 부수를 '人(사람 인)'이라고 하는
것은 잘못입니다.

66　世(인간 세 : 총5획)▶ 一 十 卅 卅 世
→ 가로획을 먼저, 세로획은 나중에 쓰며, 감싸
는 획은 맨 나중에 씁니다.

70　數많다(수많다)
：사물의 낱낱의 수가 매우 많음.

08회　예상문제
42쪽~44쪽

01	답지	02	전생	03	농활	04	해상
05	강월	06	화식	07	연중	08	동심
09	모천	10	소변	11	휴교	12	내한
13	오방	14	지평	15	입주	16	읍촌
17	십리	18	만물	19	초기	20	공장
21	외조	22	소시	23	가녀	24	부왕
25	천명	26	국군	27	불안	28	식민
29	백화	30	육촌	31	효도	32	출색
33	낮 면	34	오른/오를 우	35	뒤 후	36	가을 추
37	무거울 중	38	사이 간	39	골 동	40	바를 정
41	번개 전	42	빌 공	43	말씀 화	44	집 가
45	오를 등	46	여름 하	47	늙을 로	48	기를 육
49	왼 좌	50	기 기	51	셈 산	52	힘 력
53	(자신이 저지른 일을) 스스로 털어놓음						
54	똑바로 섬 / 꼿꼿하게 섬	55	②	56	①		
57	⑦	58	③	59	⑤	60	⑧
61	⑥	62	④	63	①	64	④
65	①	66	③	67	④	68	①
69	⑤	70	③				

해설

02　前生(전생)▶(앞　전)(날　생)
：이 세상에 태어나기 이전의 생애(生涯).

03　農活(농활)▶(농사 농)(살　활)
：농촌활동(農村活動).

04　海上(해상)▶(바다 해)(윗　상) ：바다 위.

07 年中(연중)▶(해　년)(가운데 중) : 한 해 동안.
→ '年'자의 본래 소리는 '년'이나 낱말의 첫 음절에서는 '두음법칙'에 의해 '연'으로 적습니다.

08 動心(동심)▶(움직일 동)(마음 심)
: (외부의 자극을 받아) 마음이 움직임.

09 母川(모천)▶(어미 모)(내　천)
: 송어나 연어 등의 물고기가 태어나서 바다로 내려갈 때까지 자란 하천.
→ 이들은 일정 기간 동안 바다에서 살다가 다시 자신들이 태어났던 하천으로 거슬러 올라와 알을 낳고 일생을 마칩니다.

10 小便(소변)▶(작을 소)(똥오줌 변)
→ '便'자는 쓰임에 따라 뜻과 소리가 달라지는 글자입니다.
참 便(편할 편, 똥오줌 변)

13 五方(오방)▶(다섯 오)(모　방)
: 동·서·남·북과 그 가운데. 사방(四方)과 그 중앙의 다섯 방위.

14 地平(지평)▶(땅[따] 지)(평평할 평)
: ① 대지(大地)의 편평한 면. ② 지평선(地平線).
③ 사물의 전망이나 가능성.

17 十里(십리)▶(열　십)(마을 리) : 약 3,930m.
→ '里'는 거리의 단위로, 1리는 약 393m에 해당합니다.

19 草記(초기)▶(풀　초)(기록할 기)
: 초벌로 쓴 원고나 기록.
→ '草記'에서 '草'는 '초고(草稿)'를 뜻하는 말로, 여기에서 '草'는 '대략·대강'을 뜻합니다. 그러므로 '초고'는 '맨 처음 기본적인 부분만의 줄거리를 쓴 원고'라는 뜻입니다.

21 外祖(외조)▶(바깥 외)(할아비 조) : 외할아버지.

22 少時(소시)▶(젊을 소)(때　시) : 젊었을 때.

→ 少자는 쓰임에 따라 뜻과 소리를 '적을 소' 또는 '젊을 소'라고 합니다.

24 夫王(부왕)▶(지아비 부)(임금 왕)
: 왕비가 남편인 임금을 이르던 말.

25 天命(천명)▶(하늘 천)(목숨 명)
: 타고난 수명이나 운명.

28 植民(식민)▶(심을 식)(백성 민)
: 강한 나라가 지배하는 약한 나라에 정치적·경제적 목적으로 자기 나라의 국민을 이주시켜 살게 하는 일.

32 出色(출색)▶(날　출)(빛　색)
: '出色하다'의 어근으로, '눈에 띌 만큼 특출나게 뛰어남'을 이르는 말.

57～58 '북녘'과 '저녁'에서 '녘'과 '녁'을 혼동하여 틀리는 경우가 많으므로 주의하세요.

60 '川(내 천)'자의 '내'는 '시내보다는 크고 강보다는 작은 물줄기'를 이르는 말입니다.

64 教學(교학)▶(가르칠 교)(배울 학)
: ① 가르치는 일과 배우는 일. ② 교육(教育)과 학문(學問).

67 下問(하문)▶(아래 하)(물을 문)
: 윗사람이 아랫사람에게 물음.

68 名數(명수)▶(이름 명)(셈　수) : 인원수.
→ 여기에서 '名'은 '사람을 세는 단위'입니다.

69 登(오를 등 : 총12획)
▶ 丿 丆 丆 戌 戌 戌 戌 啓 啓 啓 啓 登
→ 오른쪽 파임[\] 위의 점을 먼저 씁니다.

70 手(손 수 : 총4획)▶ 一 二 三 手
→ 뚫고 지나는 획은 맨 나중에 씁니다.

09회 예상문제　45쪽~47쪽

01	자제	02	부동	03	수평	04	국수
05	시월	06	입장	07	부왕	08	가화
09	이세	10	청춘	11	노년	12	심지
13	편지	14	식물	15	동내	16	민초
17	전력	18	매시	19	등천	20	촌수
21	추석	22	조상	23	산출	24	화림
25	어학	26	생육	27	백기	28	역도
29	북한	30	천리	31	휴일	32	수공
33	온전 전	34	기운 기	35	일 사	36	여덟 팔
37	곧을 직	38	농사 농	39	내 천	40	수레 거(차)
41	기록할 기	42	다섯 오	43	스스로 자	44	넉 사
45	낮 오	46	무거울 중	47	일만 만	48	먹을 식
49	군사 군	50	빛 색	51	지아비 부	52	낮 면
53	밤 열두 시	54	(공부를 마치고) 학교에서 집으로 돌아 옴				
55	⑥	56	⑩	57	⑧	58	④
59	⑨	60	③	61	⑦	62	①
63	③	64	②	65	②	66	④
67	②	68	③	69	⑤	70	③

해설

01 子弟(자제)▶(아들 자)(아우 제)
: 남을 높여 그의 아들을 일컫는 말.

02 不動(부동)▶(아닐 불)(움직일 동)
: 움직이지 아니함.
→ '不'자의 본래 소리는 '불'이나 'ㄷ'이나 'ㅈ'으로 시작하는 말 앞에서는 '부'로 읽고 적습니다.

03 水平(수평)▶(물　수)(평평할 평)
: 잔잔한 수면처럼 기울지 않고 평평한 상태.

04 國手(국수)▶(나라 국)(손　수)
: (장기·바둑 따위의 실력이) 한 나라에서 으뜸가는 사람.

05 十月(시월)▶(열　십)(달　월)
: '十'자의 본래 소리는 '십'이나 '月'자 앞에서는 '시'로 읽습니다.

06 立場(입장)▶(설　립)(마당 장)
: 당면하고 있는 형편이나 사정. 처지(處地).
→ '立'자의 본래 소리는 '립'이나 두음법칙에 의해 '입'으로 읽고 적습니다.

07 父王(부왕)▶(아비 부)(임금 왕)
: '아버지인 임금'을 이르던 말.

08 歌話(가화)▶(노래 가)(말씀 화) : 노래 이야기.

12 心地(심지)▶(마음 심)(땅[따] 지)
: 마음의 바탕. 마음자리.

16 民草(민초)▶(백성 민)(풀　초) : 백성.
→ '백성'을 '질긴 생명력을 가진 잡초'에 비유하여 이르는 말.

19 登天(등천)▶(오를 등)(하늘 천)
: ① 하늘에 오름. 승천(昇天). ② (가톨릭에서) 신자의 '죽음'을 이르는 말.

24 花林(화림)▶(꽃　화)(수풀 림) : 꽃나무 숲.

25 語學(어학)▶(말씀 어)(배울 학)
: 외국어를 습득하거나 연구하기 위한 학문.

26 生育(생육)▶(날　생)(기를 육)
: ① 낳아서 기름. ② 생물이 나서 자람.

32 手工(수공)▶(손　수)(장인 공)
: ① 손으로 하는 공예. ② 손으로 하는 일의 품삯.

35 '事(일 사)'자는 '일, 일삼다, 섬기다' 등의 뜻으로 쓰이는 한자입니다.

46 '重(무거울 중)'자는 '무겁다, 무게, 거듭' 등의 뜻으로 쓰이는 한자입니다.

53 '子正(자정)'의 반대어는 '정오(正午)'입니다. '正午(정오)'는 '낮 열두 시'를 뜻합니다.

54 '下校(하교)'는 '下敎(하교)'와 뜻이 다름에 주의하세요.

61 '空(빌 공)'자의 '빌'은 '비다'는 말로, '일정한 공간에 사람·사물 따위가 들어 있지 아니함' 또는 '모자람' 등을 뜻합니다.

63 江山(강산)▶(강　강)(메　산)
: '강과 산'이라는 뜻으로, '자연 경치'를 이르는 말.

64 夏冬(하동)▶(여름 하)(겨울 동) : 여름과 겨울.

67~68 두 낱말에 공통으로 들어가는 한자를 찾는 문제입니다.
참 住所(주소), 所有(소유) / 校名(교명), 名文(명문)
* 주소(住所)▶(살　주)(바　소)
　: 사람이 자리를 잡아 살고 있는 곳.
* 소유(所有)▶(바　소)(있을 유)
　: 자기의 것으로 가지고 있음.
* 교명(校名)▶(학교 교)(이름 명)
　: 학교 이름.
* 명문(名文)▶(이름 명)(글월 문)
　: 매우 잘 지은 글.

69 邑(고을 읍 : 총7획)▶ 丶 口 口 吕 吊 呂 邑
→ 마지막 획[乚]의 순서에 유의하세요.

70 方(모　방 : 총4획)▶ 丶 亠 方 方
→ 세 번째 획의 순서에 유의하세요.

10회 예상문제　48쪽~50쪽

01	주민	02	시공	03	식수	04	자동
05	선후	06	명중	07	지방	08	세상
09	만금	10	남편	11	목화	12	조부
13	산출	14	등기	15	시립	16	생활
17	정직	18	문전	19	동리	20	매사
21	평년	22	효도	23	부답	24	백기
25	청천	26	동수	27	노소	28	명물
29	전화	30	백성	31	교가	32	좌우
33	형 형	34	고을 읍	35	수풀 림	36	임금 왕
37	낮 오	38	어미 모	39	군사 군	40	북녘 북
41	저녁 석	42	풀 초	43	쉴 휴	44	온전 전
45	남녘 남	46	그럴 연	47	주인 주	48	집 실
49	사이 간	50	아우 제	51	흙 토	52	지아비 부
53	④	54	②	55	⑦	56	⑥
57	⑩	58	③	59	⑨	60	⑤
61	⑧	62	①	63	②	64	③
65	②	66	①	67	가지고 있음 / 가지고 있는 물건		
68	집안의 어른 / 한 가정을 이끌어 나가는 사람	69	⑥	70	⑥		

해설

02 時空(시공)▶(때　시)(빌　공)
　: 시간(時間)과 공간(空間).

03 食水(식수)▶(먹을 식)(물　수) : 먹는 물.

05 先後(선후)▶(먼저 선)(뒤　후)
　→ 서로 뜻이 상대되는 한자로 결합된 한자어입니다.

06　命中(명중)▶(목숨 명)(가운데 중)
: (화살이나 총알 따위가) 겨냥한 곳에 바로 맞음.
→ 여기에서 '中'자는 '적중하다'의 뜻입니다.

09　萬金(만금)▶(일만 만)(쇠　금) : 매우 많은 돈.
→ 여기에서 '金'자는 '돈', 또는 '황금'을 뜻합니다.

11　木花(목화)▶(나무 목)(꽃　화)
: 아욱과 목화속의 한해살이 풀로, 섬유 자원으로 재배하는 농작물을 이르는 말.

15　市立(시립)▶(저자 시)(설　립)
: 시에서 경비를 충당하여 세우고 관리·유지하는 것.
→ 여기에서 '市'는 지방 행정 구역의 하나인 '시'를 이르는 말입니다.

17　正直(정직)▶(바를 정)(곧을 직)
→ 서로 뜻이 비슷한 한자로 결합된 한자어입니다.

21　平年(평년)▶(평평할 평)(해　년)
: ① 풍년도 흉년도 아닌 농사가 보통 정도로 된 해. ② 윤년(閏年)이 아닌 해.

23　不答(부답)▶(아닐 불)(대답 답)
: 대답하지 아니함.
→ '不'자는 본래 소리가 '불'이나 뒤에 'ㄷ'이나 'ㅈ'으로 시작하는 말이 오면 '부'로 읽고 적습니다.

26　同數(동수)▶(한가지 동)(셈　수) : 같은 수.

27　老少(노소)▶(늙을 로)(젊을 소)
: 늙은이와 젊은이.
→ 서로 뜻이 상대되는 한자로 결합된 한자어입니다.
참 '少'자의 뜻과 소리는 '적을 소', 또는 '젊을 소'입니다.

28　名物(명물)▶(이름 명)(물건 물)
: ① 그 지방의 이름난 산물. ② 남다른 특징이 있어 인기 있는 사람이나 사물.

54　'工(장인 공)'자의 '장인(匠人)'은 '목공이나 도공 등과 같이, 손으로 물건 만드는 일을 업으로 하는 사람'을 이르는 말로, '장색(匠色)'이라고도 합니다.

63　日氣(일기)▶(날　일)(기운 기) : 날씨.
참 '그날그날 겪은 일이나 느낌 등을 적는 개인의 기록'을 뜻하는 '일기(日記)'와 혼동하기 쉬운 한자어입니다.

64　場面(장면)▶(마당 장)(낯　면)
: ① 어떤 장소에서 벌어진 광경. ② 영화·연극·문학 따위의 한 정경(情景).

65　手足(수족)▶(손　수)(발　족)
: ① 손과 발. ② 손발처럼 마음대로 부리는 사람을 비유하여 이르는 말.

66　內外(내외)▶(안　내)(바깥 외)
: ① 안과 밖. ② 아내와 남편.

67　所有(소유)▶(바　소)(있을 유)
→ '有'자는 '가지다', '所'자는 '~것'을 뜻합니다.

68　家長(가장)▶(집　가)(긴　장)
→ 여기에서 '長'자는 '어른'을 뜻합니다.

69　來(올 래 : 총8획)▶ 一 厂 厂 厃 夾 來 來 來
→ 위에서부터 아래로 내려 쓰고, 뚫고 지나는 획을 나중에 씁니다. 삐침[丿]과 파임[乀]이 서로 만날 때에는 삐침[丿]을 먼저 씁니다.

70　色(빛 색 : 총6획)▶ 丿 ク 夕 夈 各 色
→ 마지막 획[乚]의 순서에 유의하세요.

01회 기출·예상문제 75쪽~77쪽

01	천년	02	휴일	03	추석	04	백지
05	가문	06	효심	07	차도	08	주소
09	공중	10	출생	11	조국	12	활동
13	해녀	14	토지	15	형부	16	간식
17	청춘	18	외면	19	불편	20	가수
21	식물	22	후세	23	학내	24	농촌
25	시장	26	화초	27	하직	28	왕명
29	입하	30	평민	31	천안	32	등교
33	기를 육	34	동녘 동	35	골 동	36	집 실
37	기 기	38	군사 군	39	오른 우	40	일만 만
41	기록할 기	42	내 천	43	남녘 남	44	장인 공
45	고을 읍	46	셈 산	47	올 래	48	빛 색
49	마디 촌	50	가르칠 교	51	아우 제	52	아비 부
53	④	54	①	55	⑩	56	⑥
57	⑧	58	①	59	④	60	②
61	③	62	⑤	63	⑦	64	⑨
65	③	66	①	67	같은 이름	68	밥을 먹은 뒤
69	⑦	70	⑨				

해설

01 千年(천년)▶(일천 천)(해　년) : 오랜 세월.
→ 여기에서 '千'자는 '여러, 많다, 오래다' 등을 뜻합니다.

05 家門(가문)▶(집　가)(문　문)
: 가족 또는 가까운 일가로 이루어진 공동체.
→ 여기에서 '門'자는 '집안'을 뜻합니다.

07 車道(차도)▶(수레 차)(길　도)
: 찻길. 사람이 다니는 길 따위와 구분하여 차만 다니게 한 길. → '車'자는 쓰임에 따라 '차' 또는 '거'로 읽고 적습니다.

09 空中(공중)▶(빌　공)(가운데 중)
: 하늘과 땅 사이의 빈 곳.
→ 여기에서 '空'자는 '하늘, 공중'을 뜻합니다.

11 祖國(조국)▶(할아비 조)(나라 국)
: ① 조상 때부터 대대로 살던 나라. ② 자기의 국적이 속하여 있는 나라.
→ '祖'자는 서체에 따라서 모양이 달라지는 글자입니다. 참 祖 = 祖

14 土地(토지)▶(흙　토)(땅[따] 지)
: 사람의 생활과 활동에 이용하는 땅.
→ '土地'는 서로 뜻이 비슷한 한자로 결합된 한자어입니다.

17 靑春(청춘)▶(푸를 청)(봄　춘)
: '새싹이 파랗게 돋아나는 봄철'이라는 뜻에서, '10세 후반에서 20세에 걸치는 인생의 젊은 나이 또는 그런 시절'을 이르는 말.

18 外面(외면)▶(바깥 외)(낯　면) : ① 겉면. ② 말이나 하는 짓이 겉에 드러나는 모양. ③ 마주치기를 꺼리어 피하거나 얼굴을 돌림.

19 不便(불편)▶(아닐 불)(편할 편)
: ① 사용하거나 이용하는 것이 편하지 아니함.

② 몸이나 마음이 편하지 아니하고 괴로움.
→ '便'자는 뜻에 따라 음이 달라지는 글자입니다.
참 便(편할 편, 똥오줌 변)

20 歌手(가수)▶(노래 가)(손　수)
: 노래 부르는 것을 직업으로 하는 사람.
→ 여기에서 '手'자는 '그것을 직업으로 하는 사람'의 뜻을 더하는 접미사입니다.

22 後世(후세)▶(뒤　후)(인간 세)
: 다음에 오는 세상 또는 다음 세대의 사람들.
→ 여기에서 '世'자는 '세대(世代)'를 뜻합니다.

23 學內(학내)▶(배울 학)(안　내) : 학교의 내부.
→ 여기에서 '學'자는 '학교'를 뜻합니다.

27 下直(하직)▶(아래 하)(곧을 직) : ① 먼 길을 떠날 때 웃어른께 작별을 고하는 것. ② 무슨 일이 마지막이거나 무슨 일을 그만둠을 이르는 말.
→ 여기에서 '下'자는 '내려가다'를 뜻하고, '直'자는 '번(番 : 차례로 숙직이나 당직을 하는 일)'을 뜻합니다.

31 天安(천안)▶(하늘 천)(편안 안)
: 충청남도 동북쪽에 있는 시.

65 敎學(교학)▶(가르칠 교)(배울 학)
: ① 교육과 학문. ② 가르치고 배움.

66 物心(물심)▶(물건 물)(마음 심)
: 물질적인 것과 정신적인 것.

67 同名(동명)▶(한가지 동)(이름 명)
: 같은 이름 또는 이름이 서로 같음.

69 每(매양 매 : 총7획)
▶ ノ ゲ 仁 与 与 每 每
→ 뚫고 지나는 획은 맨 나중에 씁니다.

70 語(말씀 어 : 총14획)
▶ 丶 二 言 言 言 言 訂 訂 語 語 語 語
→ 가로획과 세로획이 서로 맞닿아 있을 때에는 위에 있는 획을 먼저 씁니다.

02회 기출·예상문제

78쪽~80쪽

01	칠석	02	강산	03	국기	04	후일
05	안전	06	입실	07	전공	08	가문
09	문물	10	매년	11	학교	12	유색
13	공기	14	외식	15	백화	16	효자
17	세간	18	입춘	19	평생	20	조상
21	시장	22	천하	23	자연	24	내면
25	주인	26	오전	27	동해	28	천만
29	민심	30	농부	31	정직	32	남녀
33	움직일 동	34	가르칠 교	35	고을 읍	36	마을 리
37	셈 산	38	무거울 중	39	오를 등	40	때 시
41	기록할 기	42	말씀 화	43	노래 가	44	모 방
45	편할 편 / 똥오줌 변		46	목숨 명	47	마당 장	
48	입 구	49	살 활	50	대답 답	51	여름 하
52	흰 백	53	⑨	54	⑥	55	①
56	⑩	57	④	58	⑧	59	⑦
60	③	61	⑤	62	②	63	④
64	①	65	②	66	③	67	물 속
68	풀과 나무	69	⑨	70	①		

해설

01 七夕(칠석)▶(일곱 칠)(저녁 석)
: 음력으로 칠월 초이렛날의 밤.
→ 이 날에는 은하의 서쪽에 있는 직녀와 동쪽에 있는 견우가 오작교에서 일 년에 한 번 만난다는 전설이 있습니다.

02 江山(강산)▶(강　강)(메　산)
: 서로 뜻이 상대되는 한자로 결합된 한자어입니다.

06 入室(입실)▶(들 입)(집 실)
: 방이나 교실 따위에 들어감.

07 電工(전공)▶(번개 전)(장인 공)
: '전기 공업'을 줄여 이르는 말입니다.

08 家門(가문)▶(집 가)(문 문)
: ① 집안. 문중(門中). ② 가족 또는 가까운 일
가로 이루어진 공동체의 사회적 지위.

09 文物(문물)▶(글월 문)(물건 물) : 정치·경제·종
교·예술·법률 따위의 문화에 관한 모든 것.

12 有色(유색)▶(있을 유)(빛 색) : 빛깔이 있음.
→ 이 말은 '유색인종(有色人種)' 같이 (백색 인
종을 제외한) '황색·흑색 따위의 피부를 가진
모든 인종'을 이르는 말에 쓰이기도 합니다.

14 外食(외식)▶(바깥 외)(먹을 식)
: 집에서 음식을 직접 해 먹지 않고 밖에서 음식을
사 먹음.

15 百花(백화)▶(일백 백)(꽃 화)
: 온갖 꽃, 모든 꽃.
→ 여기에서 '百'자는 '온갖, 모든'을 뜻합니다.

17 世間(세간)▶(인간 세)(사이 간)
: ① 사람들이 살아가는 세상. ② 변하여 멈추지
않는 것들이 서로 모여 있는 우주 공간.
참 '집안 살림에 쓰는 온갖 물건', 즉 '살림살이'
를 뜻하는 '세간'은 순우리말입니다.

18 立春(입춘)▶(설 립)(봄 춘)
→ '立'자의 본래 소리는 '립'이나 낱말의 첫 음절
에서는 두음법칙에 의해 '입'으로 읽고 적습니다.

21 市長(시장)▶(저자 시)(긴 장)
→ 여기에서 '長'자는 '우두머리, 어른'을 뜻합니다.

24 內面(내면)▶(안 내)(낯 면)
: ① 물건의 안쪽. ② 밖으로 드러나지 않은 사
람의 마음.

28 千萬(천만)▶(일천 천)(일만 만)
: ① 만의 천 배가 되는 수. ② '천이나 만'이라는
뜻에서, '아주 많은 수효'를 이르는 말. ③ ('○○
천만이다'라고 쓰여) '이를 데 없음.' 또는 '짝이
없음.'을 뜻함. ④ ('천만 ○○'라고 쓰여) '아주'
또는 '전혀'를 뜻함.

31 正直(정직)▶(바를 정)(곧을 직)
→ 서로 뜻이 비슷한 한자로 결합된 한자어입
니다.

32 男女(남녀)▶(사내 남)(계집 녀)
→ 서로 뜻이 상대되는 한자로 결합된 한자어
입니다.

37 '算(셈 산)'자의 '셈'은 '수를 세는 일', 또는 '주고
받을 돈이나 물건 따위를 서로 따져 밝히는 일'
을 이르는 말입니다. '셈'이라고 쓰는 것은 잘못
입니다.

45 '便(편할 편)'자는 쓰임에 따라 뜻과 소리가 달
라지는 글자입니다.
참 便(편할 편, 똥오줌 변)

63 老少(노소)▶(늙을 로)(젊을 소)
→ 서로 뜻이 상대되는 한자로 결합된 한자어
입니다.

64 土地(토지)▶(흙 토)(땅[따] 지)
→ 서로 뜻이 비슷한 한자로 결합된 한자어입
니다.

69 軍(군사 군 : 총9획)▶ 〝 冖 冖 冖 写 写 軍 軍 軍
→ 뚫고 지나는 획은 맨 나중에 씁니다.

70 北(북녘 북 : 총5획)▶ 丨 丨 丬 丬 北
→ 왼쪽의 획은 가로획보다 세로획이 위에 있
으므로 세로획을 먼저 씁니다.

03회 기출·예상문제
81쪽~83쪽

01	자연	02	교실	03	효자	04	시간
05	동리	06	등산	07	군기	08	민생
09	선조	10	가문	11	활동	12	매년
13	수하	14	교화	15	세상	16	성명
17	평면	18	백방	19	시장	20	남북
21	전화	22	정답	23	공백	24	심산
25	안전	26	만사	27	일기	28	수학
29	남녀	30	사물	31	삼중	32	장소
33	가을 추	34	목숨 명	35	오른 우	36	하늘 천
37	빛 색	38	편할 편	39	내 천	40	날 출
41	봄 춘	42	땅[따] 지	43	아우 제	44	마디 촌
45	낮 오	46	기를 육	47	동녘 동	48	살 주
49	길 도	50	있을 유	51	고을 읍	52	지아비 부
53	④	54	⑥	55	⑧	56	⑩
57	②	58	①	59	⑦	60	⑤
61	⑨	62	③	63	③	64	②
65	③	66	①	67	똑같음	68	똑바로 섬
69	③	70	④				

해설

04 時間(시간)▸(때 　시)(사이 간)
: 어떤 시각에서 어떤 시각까지의 사이.
→ 여기에서 '間'자는 '때, 동안'을 뜻합니다.

05 洞里(동리)▸(골 　동)(마을 리) : 마을.
→ '洞'자의 뜻인 '골'은 '구렁, 골짜기'를 뜻하는 말로, '동굴, 깊다' 등의 뜻을 갖는 한자어에 쓰이고, '마을, 행정구역' 등의 뜻으로 쓰이기도 합니다.

08 民生(민생)▸(백성 민)(날 　생)
: 국민의 생활 및 생계.

09 先祖(선조)▸(먼저 선)(할아비 조)
: 먼 윗대의 조상. 한집안의 시조(始祖).
→ 여기에서 '祖'자는 '시초(始初), 근본(根本), 시조(始祖)'를 뜻합니다.

10 家門(가문)▸(집 　가)(문 　문)
: 가족 또는 가까운 일가로 이루어진 공동체.

12 每年(매년)▸(매양 매)(해 　년)
: 매해. 해마다. 한 해 한 해.
→ 여기에서 '每'자는 '마다'를 뜻합니다.

13 手下(수하)▸(손 　수)(아래 하)
: ① 손아래. ② 부하(部下).
→ '손아래'는 '나이·항렬 따위가 자기보다 아래이거나 낮은 관계에 있는 사람'을 이르는 말로, 반대어는 '수상(手上)'이며, 순우리말로 '손위'라고 합니다.

14 校花(교화)▸(학교 교)(꽃 　화)
: 그 학교의 교육 정신, 이상, 특성, 기풍을 상징하기 위해 제정한 꽃.

15 世上(세상)▸(인간 세)(윗 　상) : 사람이 살고 있는 모든 사회. → 여기에서 '上'자는 '추상적인 공간에서의 한 위치'를 뜻합니다.

18 百方(백방)▸(일백 백)(모 　방)
: 여러 방면. 온갖 방법.
→ 여기에서 '百'자는 '여러, 온갖' 등을 뜻합니다.

19 市長(시장)▸(저자 시)(긴 　장)
: 지방 자치 단체인 시를 대표하는 책임자.
→ 여기에서 '長'은 '어른', 또는 '우두머리'를 뜻합니다.
참 市場(시장)▸(저자 시)(마당 장) : 여러 가지 상품을 사고파는 장소.

23 空白(공백)▶(빌　공)(흰　백)
: 아무것도 없이 비어 있는 곳.
→ 여기에서 '白'은 '비다'를 뜻합니다.

24 心算(심산)▶(마음 심)(셈　산)
: 속셈. 마음속으로 하는 궁리나 계획.

26 萬事(만사)▶(일만 만)(일　사)
: 여러 가지 온갖 일.
→ 여기에서 '萬'자는 '많다'를 뜻합니다.

27 日記(일기)▶(날　일)(기록할 기) : 그날그날 겪
은 일이나 느낌 등을 적는 개인의 기록.
🈁 日氣(일기)▶(날　일)(기운 기) : 날씨.

30 四物놀이(사물−)▶(넉　사)(물건 물)
: 네 사람이 각기 꽹과리, 징, 장구, 북을 가지
고 어우러져 치는 놀이.

31 三重(삼중)▶(석　삼)(무거울 중)
: 세 겹. 셋이 겹쳐 있거나 세 번 거듭됨.
→ '重'자는 '무게, 무겁다, 거듭' 등의 뜻으로
쓰이며, 여기에서는 '거듭'을 뜻합니다.

32 場所(장소)▶(마당 장)(바　소)
: 일이 이루어지거나 벌어지는 곳.
→ 여기에서 '所'자는 '곳, 처소(處所)'를 뜻합니다.

67 同一(동일)▶(한가지 동)(한　일)
→ 여기에서 '一'자는 '같다'를 뜻합니다.

68 直立(직립)▶(곧을 직)(설　립)
: ① (사람이나 물건 등이) 똑바로 섬. ② (산 등
이) 높이 솟아오름.

69 火(불　화 : 총4획) ▶ ㆍ ㆍ ㆍ 丷 火
→ '삐침[丿]'과 '파임[乀]'이 서로 만날 때에는
'삐침[丿]'을 먼저 씁니다.

70 中(가운데 중 : 총4획) ▶ 丨 冂 口 中
→ 뚫고 지나는 획[丨]은 맨 나중에 씁니다.

04회 기출·예상문제　84쪽~86쪽

01	외인	02	자중	03	촌수	04	안주
05	하교	06	남편	07	시립	08	공학
09	형제	10	세상	11	기명	12	만전
13	왕실	14	명중	15	농가	16	동리
17	선후	18	대기	19	수족	20	청춘
21	장소	22	정답	23	매년	24	공군
25	식물	26	생활	27	동문	28	유사
29	소식	30	면전	31	백방	32	백화
33	그럴 연	34	효도 효	35	쉴 휴	36	입 구
37	움직일 동	38	주인 주	39	마음 심	40	올 래
41	지아비 부	42	말씀 화	43	수풀 림	44	늙을 로
45	할아비 조	46	긴 장	47	때 시	48	기 기
49	노래 가	50	저녁 석	51	적을 소	52	아들 자
53	⑨	54	①	55	⑧	56	⑥
57	⑩	58	③	59	④	60	⑤
61	⑦	62	②	63	②	64	④
65	③	66	②	67	달빛	68	산에 오름
69	③	70	⑥				

해설

01 外人(외인)▶(바깥 외)(사람 인)
: 한집안 식구 밖의 사람 또는 어떤 일에 관계
없는 사람.

02 自重(자중)▶(스스로 자)(무거울 중)
: ① 말이나 행동, 몸가짐을 신중하게 함. ② 품
위를 지켜 자기 몸을 소중히 함. ③ 물건 그 자
체의 무게.

03 寸數(촌수)▶(마디 촌)(셈　수) : 친족 사이의 멀고 가까운 정도 또는 그런 관계를 나타내는 수.

04 安住(안주)▶(편안 안)(살　주)
: ① 한곳에 자리 잡고 편히 삶. ② 현재의 상태에 만족함.

05 下校(하교)▶(아래 하)(학교 교)
: 학교에서 공부를 마치고 집으로 돌아옴.

08 工學(공학)▶(장인 공)(배울 학)
: (전자·전기·기계·항공·토목·컴퓨터 따위의) 공업의 이론, 기술, 생산 따위를 체계적으로 연구하는 학문.

09 兄弟(형제)▶(형　형)(아우 제)
→ 서로 뜻이 상대되는 한자로 결합된 한자어입니다.

11 記名(기명)▶(기록할 기)(이름 명)
: 이름을 적음.

12 萬全(만전)▶(일만 만)(온전 전)
: 조금도 허술함이 없이 완전함.

17 先後(선후)▶(먼저 선)(뒤　후)
→ 서로 뜻이 상대되는 한자로 결합된 한자어입니다.

18 大氣(대기)▶(큰　대)(기운 기)
: 공기(空氣) 또는 천체(天體)의 표면을 둘러싸고 있는 기체.

19 手足(수족)▶(손　수)(발　족)
→ 서로 뜻이 상대되는 한자로 결합된 한자어입니다.

26 生活(생활)▶(날　생)(살　활)
→ 서로 뜻이 비슷한 한자로 결합된 한자어입니다.

27 同門(동문)▶(한가지 동)(문　문)

: '같은 문'이라는 뜻에서, '같은 학교에서 공부하였거나 같은 스승에게서 배운 사람'을 이르는 말. 동문생(同門生).

28 有事(유사)▶(있을 유)(일　사)
: '有事하다'의 어근으로, '큰일이나 사변(事變)이 있음'을 이르는 말.

31 百方(백방)▶(일백 백)(모　방)
: 여러 방면. 온갖 방법.
→ 여기에서 '百'자는 '온갖, 모든'을 뜻하고, '方'자는 '방향, 방법'을 뜻합니다.

33 '然(그럴 연)'자의 '그럴'은 '그러하다, 그렇다고 여기다'를 뜻하는 말입니다.
→ '然'자의 부수는 '灬'입니다. '灬'는 '火(불화)'자가 변형된 것입니다.

45 '祖(할아비 조)'자는 서체에 따라 모양이 다릅니다. 즉, 한자의 부수가 다르게 변형되어 쓰이기 때문입니다.
→ '祖'자의 부수는 '示 = 礻(보일 시)'자입니다. 일반적으로 필기할 때에는 '祖'자처럼 쓰지만 '祖'자가 정자입니다.

64 草家三間(초가삼간)▶(풀　초)(집　가)(석　삼)
(사이 간) : '삼간초가(三間草家)'라고도 하는데, '세 칸밖에 안 되는 초가'라는 뜻에서, '아주 작은 집'을 이르는 말.

69 電(번개 전 : 총13획)
▶ 一 ー 雨 雨 雨 雷 雷 雷 雷 雷 雷 雷 電
→ 위에서부터 아래로 내려쓰고, 좌우가 대칭일 때에는 가운데를 먼저 쓰나, 뚫고 지나는 획은 맨 나중에 씁니다.

70 東(동녘 동 : 총8획)▶ 一 ー 一 一 一 車 東 東
→ 위에서부터 아래로 내려쓰고, 뚫고 지나는 획은 나중에 쓰며, 삐침과 파임이 있을 때에는 삐침을 먼저 씁니다.

05회 기출·예상문제   87쪽~89쪽

01	가문	02	전방	03	소장	04	동명
05	수학	06	공간	07	외식	08	자연
09	강촌	10	백지	11	교육	12	해군
13	주민	14	남녀	15	농부	16	편지
17	동구	18	교가	19	문자	20	산림
21	정직	22	식물	23	출국	24	형제
25	전화	26	안심	27	입장	28	청춘
29	매년	30	백성	31	휴일	32	차도
33	늙을 로	34	물건 물	35	셈 산	36	집 실
37	말씀 어	38	고을 읍	39	때 시	40	기운 기
41	올 래	42	기 기	43	무거울 중	44	나라 한
45	기록할 기	46	겨울 동	47	마을 리	48	주인 주
49	낯 면	50	땅[따] 지	51	일만 만	52	저녁 석
53	⑨	54	②	55	⑥	56	⑩
57	④	58	⑤	59	⑧	60	①
61	⑦	62	③	63	②	64	③
65	②	66	③	67	지난 해	68	학교에 들어가다
69	⑧	70	⑦				

해설

01 家門(가문)▶(집 가)(문 문)
: 가족 또는 가까운 일가로 이루어진 공동체.
→ 여기에서 '門'자는 '집안'을 뜻합니다.

02 前方(전방)▶(앞 전)(모 방)
: ① 앞쪽 ② 적을 바로 마주하고 있는 지역.

03 所長(소장)▶(바 소)(긴 장) : 연구소, 출장소 따위와 같이 '소'라고 이름 붙인 곳의 우두머리.

→ 여기에서 '所'자는 '곳, 처소'를 뜻하고, '長'자는 '어른, 우두머리'를 뜻합니다.

04 同名(동명)▶(한가지 동)(이름 명)
: 같은 이름 또는 이름이 서로 같음.
→ '同'자의 뜻인 '한가지'는 '형태, 성질, 동작 따위가 서로 같은 것'을 뜻합니다.

06 空間(공간)▶(빌 공)(사이 간)
: ① 아무것도 없는 빈 곳 ② 영역이나 세계.
→ 여기에서 '空'자는 '(일정한 공간에 사람, 사물 따위가 들어 있지 않아) 비어 있음'을 뜻합니다.

15 農夫(농부)▶(농사 농)(지아비 부)
: 농사짓는 일을 직업으로 하는 사람.
→ 여기에서 '夫'자는 '일하는 남자'를 뜻합니다.

16 便紙(편지)▶(편할 편)(종이 지)
: 안부, 소식, 용무 따위를 적어 보내는 글.
→ 여기에서 '便'자는 '소식'을 뜻합니다.

17 洞口(동구)▶(골 동)(입 구)
: ① 동네 어귀. ② 절로 들어가는 산문(山門)의 어귀.
→ 여기에서 '洞'자는 '동네, 마을'을 뜻합니다.

20 山林(산림)▶(메 산)(수풀 림)
: 산과 숲. 산에 있는 숲.

21 正直(정직)▶(바를 정)(곧을 직)
: 마음에 거짓이나 꾸밈이 없이 바르고 곧음.
→ '正直'은 서로 뜻이 비슷한 한자로 결합된 한자어입니다.

23 出國(출국)▶(날 출)(나라 국)
: 나라의 국경 밖으로 나감.
→ 여기에서 '出'자는 '나가다, 떠나다'를 뜻합니다.

29 每年(매년)▶(매양 매)(해 년)
: 매해. 한 해 한 해. 해마다.

30 百姓(백성)▶(일백 백)(성 성)
: 나라의 근본을 이루는 일반 국민을 예스럽게 이르는 말.

32 車道(차도)▶(수레 차)(길 도)
: 사람이 다니는 길 따위와 구분하여 차만 다니게 한 길. 찻길.
→ '車'자는 쓰임에 따라 '차' 또는 '거'로 읽고 적습니다.

38 '邑(고을 읍)'자는 '色(빛 색)'자와 모양이 비슷하여 혼동하기 쉬운 글자입니다.

39 '時(때 시)'자의 뜻인 '때'는 '시간'을 뜻합니다. '무리'를 뜻하는 '떼'로 쓰는 경우가 많으므로 주의해야 합니다.

49 '面(낯 면)'자의 뜻은 '낯, 얼굴'이나 보통 '① 사물의 겉으로 드러난 쪽의 평평한 바닥 ② 무엇을 향하고 있는 쪽. ③ 어떤 측면이나 방면. ④ '시(市)나 군(郡)에 속한 지방 행정 구역 단위의 하나' 등으로 쓰입니다.

64 祖父母(조부모)▶(할아비 조)(아비 부)(어미 모)

65 老少(노소)▶(늙을 로)(젊을 소)
: 늙은이와 젊은이.

66 問答(문답)▶(물을 문)(대답 답) : 물음과 대답.

69 時(때 시 : 총10획)
▶ 亅 冂 冂 日 日 日 旷 旷 時 時
→ 가로획과 세로획이 서로 교차할 때에는 가로획을 먼저 쓰고, 세로획을 나중에 씁니다.

70 命(목숨 명 : 총8획)
▶ 丿 人 스 人 合 合 命 命
→ 가로획과 세로획이 서로 맞닿아 있을 때에는 위에 있는 획을 먼저 씁니다.

(사) **한국어문회** 주관

한자능력 검정시험

쓰기연습

8급 ~ 7급

✔ 쓰기연습은 8급(50자), 7급Ⅱ(50자), 7급(50자)의 순서로
총 150자를 '가나다 순'으로 실었습니다.

1 　 8급 쓰기연습

🎯 다음의 한자를 순서에 따라 한 획씩 쓰며 익혀봅시다.

敎	
가르칠 교(攵)	ノ メ ㄥ 耂 耂 耂 差 差 教 教 教
校	
학교　교(木)	一 十 才 木 木 朴 杧 栌 栌 校
九	
아홉　구(乙)	ノ 九
國	
나라　국(口)	丨 冂 冂 同 同 同 同 國 國 國 國
軍	
군사　군(車)	冖 冃 骨 宣 軍
金	
쇠 금, 성 김(金)	ノ 人 ム ム 今 全 全 余 金

🎓 도·움·글

• '國'자는 백성들[人口]과 땅[一]을 지키기 위해 국경[口]을 에워싸고 적이 침입하지 못하게 했다는 데에서, '나라[國]'를 뜻합니다.

• '軍'자는 전차[車] 주위를 둘러싸고[勹] 싸운다는 뜻이 합하여 '군사[軍]'를 뜻합니다.

2 8급 쓰기연습

南							
남녘 남(十)	一 十 十 内 内 南 南 南 南						
女							
계집 녀(女)	〈 女 女						
年							
해 년(干)	〈 仁 仁 年 年						
大							
큰 대(大)	一 ナ 大						
東							
동녘 동(木)	一 厂 币 币 百 申 東 東						
六							
여섯 륙(八)	丶 亠 六 六						

도·움·글

- '南'자는 울타리[冂]를 치고 많은 양[羊]을 기르는 곳이 남쪽 지방이므로 '남쪽[ ]'을 뜻합니다.
- '東'자는 태양[日]이 떠올라 나무[木] 사이에 걸쳐있는 모양[ ]을 본뜬 데에서, '동쪽'을 뜻합니다.

3 8급 쓰기연습

萬	
일만 만(艸)	一 十 十 卄 艹 芍 芑 莒 莒 萬 萬 萬

母	
어미 모(毋)	乚 乃 母 母 母

木	
나무 목(木)	一 十 才 木

門	
문 문(門)	门 门 门 門 門

民	
백성 민(氏)	丁 马 尸 尸 民

白	
흰 백(白)	丿 亻 白 白 白

🎩 도·움·글

• '民'자는 노예의 눈을 바늘로 찔러 눈 먼 사람[甼]이 된 모양을 본뜬 것으로, 아는 것이 없는[無知] 사람들이라는 데에서, '백성'을 뜻합니다.

4　8급 쓰기연습

父						
아비　부(父)　ノ ハ ハ 父						

北						
북녘　북(匕)　丨 ㅓ ㅓ 土 北						

四						
넉　사(囗)　丨 冂 冂 四 四						

山						
메　산(山)　丨 山 山						

三						
석　삼(一)　一 二 三						

生						
날　생(生)　ノ ト 七 牛 生						

도·움·글

- '山'자는 돌도 있고 높이 솟기도 한 산의 봉우리가 뾰족뾰족하게 이어진 모양[ᙨ]을 본뜬 것으로, '메'를 뜻합니다.
- '生'자는 아래의 一은 땅, 위의 屮은 풀이 자라는 것을 본뜬 것으로, 초목이 나고 차츰 자라서 땅 위에 나온다[生]는 데에서 '낳다'를 뜻합니다.

5 8급 쓰기연습

西	
서녘 서(西)	一 一 两 丙 两 西
先	
먼저 선(儿)	ノ 牛 牛 失 先
小	
작을 소(小)	亅 小 小
水	
물 수(水)	亅 丁 水 水
室	
집 실(宀)	丶 丷 宀 宀 宁 宭 室 室 室
十	
열 십(十)	一 十

도·움·글

• '西'자는 새[弓=鳥]가 보금자리[囟]에 드는 때가 해가 질 때[鹵]라는 데에서, '서쪽'을 뜻합니다.
• '小'자는 아주 작은 물건[丨]을 다시 둘로 나누는[八] 모양[八]을 본뜬 것으로, '작다'를 뜻합니다.

6 8급 쓰기연습

五						
다섯 오(二) ー T 五 五						
王						
임금 왕(玉) ー 二 干 王						
外						
바깥 외(夕) ノ ク 夕 列 外						
月						
달 월(月) ノ 刀 月 月						
二						
두 이(二) ー 二						
人						
사람 인(人) ノ 人						

도·움·글

• '外'자는 길흉화복을 점[卜]치는 일은 보통 아침에 하는데, 저녁[夕]에 점을 치는 것은 정상에서 벗어나는 일[外]이라는 데에서, '밖, 바깥'을 뜻합니다.

7 8급 쓰기연습

日						
날　일(日)　｜ 冂 日 日						
一						
한　일(一)　一						
長						
긴　장(長)　一 丆 丆 F 三 镸 長 長						
弟						
아우　제(弓)　丶 丷 丷 쓰 肖 弟 弟						
中						
가운데 중(｜)　丶 口 口 中						
青	青					
푸를　청(青)　一 二 丰 圭 丰 青 青 青						

도·움·글

- '日'자는 해[⊙]의 모양을 본떠서 만든 글자입니다.
- '弟'자는 활을 들고 노는 아우[♯]의 모습을 본떠서 만든 글자입니다.

8 8급 쓰기연습

寸						
마디 촌(寸) 一 十 寸						
七						
일곱 칠(一) 一 七						
土						
흙 토(土) 一 十 土						
八						
여덟 팔(八) ノ 八						
學						
배울 학(子) ` ′ f f f f f f f f f 阿 阿 阿 阿 與 與 學 學						
韓						
나라 한(韋) 一 十 十 古 古 古 吉 卓 卓 卓 卓 韓 韓 韓 韓 韓 韓						

도·움·글

• '土'자는 위의 一은 땅의 표면을, 아래의 一은 땅 속을 본떠서, 땅 속에서 싹이 터서 땅의 표면을 뚫고 자라는 식물[|]을 기른다[仐]는 데에서 '흙'을 뜻합니다.

9 8급 쓰기연습

兄							
형 형(儿) 丨 ㄇ 口 尸 兄							
火							
불 화(火) 丶 丷 少 火							

도·움·글

- '火'자는 불이 활활 타오르는 모양[ ]을 본뜬 것으로, '불'을 뜻합니다.

1 7급Ⅱ 쓰기연습

🎯 다음의 한자를 순서에 따라 한 획씩 쓰며 익혀봅시다.

家	
집　　가 (宀)	丶丶宀宀宁宇宇家家家
間	
사이　간 (門)	丨丨丨丨丨丨門門門門門間間
江	
강　　강 (水)	丶丶氵氵江江江
車	
수레 거/차 (車)	一一一一一一一車
空	
빌　　공 (穴)	丶丶宀宀空空空空
工	
장인　공 (工)	一丁工

👨 도·움·글

• '家'자는 '집 안[宀]에서 豕[돼지]를 기른다.'는 뜻을 결합하여 '집[家]'이라는 뜻을 나타내는 글자입니다.

2 7급Ⅱ 쓰기연습

記	
기록할 기 (言)	`丶 一 亖 言 言 言 言 記 記 記
氣	
기운 기 (气)	`丿 ⺊ 气 气 气 氖 氧 氣 氣
男	
사내 남 (田)	`丨 冂 日 田 田 罗 男
內	
안 내 (入)	`丨 冂 内 内
農	
농사 농 (辰)	`丨 冂 日 曲 曲 曲 严 芦 芦 農 農 農
答	
대답 답 (竹)	`丿 ⺊ ⺊ ⺊ 竹 竹 竹 竿 竺 笭 答 答

도·움·글

• '男'자는 '남자[男]는 들[田]에 나가서 농사일에 힘써야 한다[力]'는 뜻을 나타냅니다.

3　7급II 쓰기연습

道					
길　도 (辵)	` ` ` ` ` ` ` ` ` ` 首 首 道 道 道				

動					
움직일 동 (力)	` ` ` ` ` ` ` 重 重 動 動				

力					
힘　력 (力)	ㄱ 力				

立					
설　립 (立)	` ` ` ` 立				

每					
매양　매 (毋)	` ` ` 与 每 每 每				

名					
이름　명 (口)	` ク タ タ 名 名				

도·움·글

• '道'자는 '사물의 끝, 가서 닿는 곳'을 뜻하는 '머리[首]'와 '가다[辵=辶(착)]'는 뜻을 결합한 글자[道]로, '걸어 다니는 길, 한 줄기로 뻗어 나간 길'을 뜻합니다.
• '名'자는 저녁[夕]에는 어두워 상대방을 볼 수 없으므로 입[口]으로 자기가 누구인가를 밝히기 위해 '이름을 대는 것[名]'을 뜻하는 글자입니다.

4　7급Ⅱ 쓰기연습

物						
물건　물 (牛)　′ ﾉ 牛 牛 牜 牡 物 物						

方						
모　　방 (方)　丶 一 宁 方						

不						
아닐　불 (一)　一 ア 不 不						

事						
일　　사 (亅)　一 一 戸 戸 厚 写 写 事						

上						
윗　　상 (一)　丨 卜 上						

姓						
성　　성 (女)　乚 女 女 女 女 妒 姓 姓						

도·움·글

- '不'자는 새가 날아 올라가서 내려오지 않는 모양[ ]을 본떠서 만든 글자입니다.
- '事'자는 깃발을 단 깃대를 손으로 세우고 있는 모양[ ]을 본떠서 '역사의 기록을 일삼아 간다.'는 것을 뜻합니다.

5　7급Ⅱ 쓰기연습

世	
인간 세 (一)	一 十 卄 卅 世
手	
손 수 (手)	ノ ニ 三 手
時	
때 시 (日)	丨 冂 日 日 旷 旷 旷 旷 時 時
市	
저자 시 (巾)	丶 亠 一 市 市
食	
먹을 식 (食)	ノ 人 入 今 今 今 食 食 食
安	
편안 안 (宀)	丶 丷 宀 宁 安 安

도·움·글

• '世'자는 세 개의 十[10]을 합치고 그 아랫부분을 끌어서 길게 이어가는 모양[世]을 나타내어, 대략 30년이면 한 세대가 이어지는 것을 뜻합니다.

• '安'자는 집안[宀]에 여자[女]가 있으니 집안일을 제대로 돌보아 온 집안이 편안하다[安]는 뜻을 나타내는 글자입니다.

6 7급II 쓰기연습

午						
낮 오(十)　 ノ ゝ 二 午						
右						
오른 우(口)　 ノ ナ オ 右 右						
自						
스스로 자(自)　 ′ 亻 竹 竹 自 自						
子						
아들 자(子)　 フ 了 子						
場						
마당 장(土)　 一 十 土 圹 圹 圹 圽 坦 場 場 場						
電						
번개 전(雨)　 一 亻 冖 币 币 乕 雨 雪 雪 雪 雪 電						

도·움·글

• '自'자는 사람의 코 모양[自]을 본뜬 글자로, 태아의 코가 가장 먼저 생긴다는 데에서 '始[시작]'자의 뜻과 통하여 '…로부터'의 뜻을 나타내기도 합니다.

7 7급Ⅱ 쓰기연습

前	
앞 전(刀)	` ` ⺊ 宀 广 宁 쓰 首 前 前

全	
온전 전(入)	ノ 入 스 今 수 全

正	
바를 정(止)	ᅳ 丁 下 īF 正

足	
발 족(足)	` 口 口 呈 무 무 足

左	
왼 좌(工)	ᅳ ナ 大 左 左

直	
곧을 직(目)	ᅳ 十 广 市 古 首 直

🎓 도·움·글

• '足'자는 '무릎'을 본뜬 '口'와 '정강이부터 발목까지'를 본뜬 '止'를 합하여 '무릎부터 아래' 즉 '발'의 모양 [足]을 본뜬 글자입니다.

8　7급Ⅱ 쓰기연습

平	
평평할 평 (干)	一 一 一 卫 平

下	
아래 하 (一)	一 丁 下

漢	
한수 한 (水)	丶 丶 氵 汀 汁 洪 洪 芦 芦 芦 漢 漢 漢 漢

海	
바다 해 (水)	丶 丶 氵 汁 汇 海 海 海 海

話	
말씀 화 (言)	丶 ᅩ 二 言 言 言 言 訐 訐 話 話

活	
살 활 (水)	丶 丶 氵 汀 汗 汗 活 活

도·움·글

● '海'자는 뜻을 나타내는 물[氵=水]과 소리를 나타내는 每[매 → 해]가 결합한 글자[灪]로, '하늘의 못[天池]'이며, '모든 냇물을 받아들이는 바다'라는 뜻을 나타냅니다.

9 7급Ⅱ 쓰기연습

孝						
효도 효 (子)	一 十 土 耂 耂 孝 孝					
後						
뒤 후 (彳)	丿 彡 彳 彳 彳 彳 後 後 後					

도·움·글

• '孝'자는 아들이 노인을 잘 봉양한다는 데에서, 부모나 조상을 잘 섬김[孝]을 뜻합니다.
• '後'자는 발걸음[彳]을 조금씩[幺] 내딛으며 뒤처져온다[夂]는 데에서 '뒤[後]'를 뜻합니다.

1　7급 쓰기연습

🎯 다음의 한자를 순서에 따라 한 획씩 쓰며 익혀봅시다.

歌					
노래 가(欠)	ㄱ ㄱ ㄹ ㅁ ㅁ ㅍ ㅍ 哥 哥 哥 哥 歌 歌 歌				
口					
입 구(口)	ㅣ ㅁ 口				
旗					
기 기(方)	` ㅗ ㅎ 方 方 方 於 於 旌 旌 旗 旗 旗				
冬					
겨울 동(冫)	ノ ク 久 冬 冬				
洞					
골 동(水)	` ` 氵 氵 汋 汩 洞 洞 洞				
同					
한가지 동(口)	ㅣ 冂 冂 同 同 同				

🌟 도·움·글

• '冬'자는 네 계절 중 끝[마침 : 夊] 계절에 얼음[冫]이 얼어 '만물이 얼어붙는 때'라는 데에서 '겨울[❄]'을 뜻합니다.

2　7급 쓰기연습

登	
오를 등 (癶)	ノ ア ア ヺ ヺ 癶 癶 癶 咎 咎 咎 登
來	
올 래 (人)	一 ア ァ ヮ ヮ 來 來 來
老	
늙을 로 (老)	一 十 土 耂 老 老
里	
마을 리 (里)	丨 冂 口 甲 旦 甲 里
林	
수풀 림 (木)	一 十 才 木 木 村 村 林
面	
낯 면 (面)	一 ア ア 币 而 而 而 面 面

도·움·글

• '登'자는 두 다리를 뻗쳐서[癶] 제사에 쓸 그릇[표]을 '높은 곳에 올려놓는다.'는 데에서 '오르다[𝝵]'를 뜻합니다.

3 7급 쓰기연습

命	
목숨 명(口)	ノ 入 人 今 合 合 合 命 命
文	
글월 문(文)	ヽ 亠 ナ 文
問	
물을 문(口)	l ド ド ド ド 門 門 門 門 問 問
百	
일백 백(白)	一 丆 丆 石 百 百
夫	
지아비 부(大)	一 二 丰 夫
算	
셈 산(竹)	ノ 入 片 州 竹 竹 竹 竹 笪 笪 笪 筲 算 算

도·움·글

• '問'자는 '문[門] 안의 내용을 알기 위해 다른 사람에게 입[口]으로써 물어본다.'는 데에서, '묻다[問]'를 뜻합니다.

4　7급 쓰기연습

色							
빛　색(色)　ノ ク ク 々 ⺈ 色 色							
夕							
저녁 석(夕)　ノ ク 夕							
所							
바　소(戶)　ゝ ⺈ ⼾ ⼾ ⼾ 所 所 所							
少							
적을 소(小)　⼩ ⼩ ⼩ 少							
數							
셈　수(攴)　丶 ⼝ ⺀ ⺀ ⺀ ⺀ 婁 婁 婁 婁 數 數 數							
植							
심을 식(木)　一 十 扌 木 ⽊ ⽊ ⽊ 柿 柿 植 植 植							

도·움·글

• '夕'자는 '달[月]'에서 1획을 뺀 글자로, 해가 지고 달이 뜨기 시작하는 때는 '달이 반쯤 보인다.'는 데에서, '황혼·저녁[ ]'을 뜻합니다.

5 7급 쓰기연습

心	
마음 심(心)	` 心心心心
語	
말씀 어(言)	` 一 一 言 言 言 言 訂 訝 語 語 語 語
然	
그럴 연(火)	ノ ク タ タ タ 一 外 欸 然 然 然 然 然
有	
있을 유(月)	ノ 一 ナ オ 右 有 有
育	
기를 육(肉)	` 一 亠 云 产 育 育 育
邑	
고을 읍(邑)	` 口 口 므 무 무 品 邑

🎓 도·움·글

• '邑'자는 '영토를 뚜렷하게 경계하여[口] 천자가 제후에게 부절[卩=節]을 내려 다스리게 하는 곳'이라는 데에서, '서울, 마을, 고을[阝]'을 뜻합니다.

6 7급 쓰기연습

入							
들 입(入)	ノ 入						
字							
글자 자(子)	丶 丷 宀 宀 字 字						
祖							
할아비 조(示)	丶 亠 亍 亓 示 礻 初 初 祖 祖						
住							
살 주(人)	ノ 亻 亻 亻 仁 住 住						
主							
주인 주(丶)	丶 一 三 宇 主 / 丶 一 十 宇 主						
重							
무거울 중(里)	丿 二 仁 冇 冇 盲 盲 重 重						

![도·움·글]
• '字'자는 집안[宀]에서 자식[子]을 낳아 기르는 형상으로, '집안에 자식이 계속 붙듯이 글자도 계속하여 생긴다.'는 데에서, '글자[字]'를 뜻합니다.

7 7급 쓰기연습

地					
땅[따] 지(土)	一 十 土 圵 地 地				
紙					
종이 지(糸)	乡 彡 夅 彡 糸 糸 紅 紅 紙 紙				
川					
내 천(巛)	丿 刂 川				
千					
일천 천(十)	𠂉 二 千				
天					
하늘 천(大)	一 二 干 天				
草					
풀 초(艹)	一 十 艹 芐 芐 苩 苩 苩 草 草				

🔺 도·움·글

• '天'자는 '서 있는 사람[大] 위로 끝없이 펼쳐져 넓은 것[一]'이라는 데에서, '하늘[🧍]'을 뜻합니다.

8 **7급 쓰기연습**

村						
마을 촌(木) 一 十 才 木 木 村 村						
秋						
가을 추(禾) ´ ⺌ 千 ⺬ 禾 禾 禾 ´秋 秋						
春						
봄 춘(日) 一 ⼆ 三 ⺮ 夫 表 春 春 春						
出						
날 출(凵) 丨 屮 屮 出 出						
便						
편할 편(人) ノ 亻 亻 亻 佰 佰 佰 便 便						
夏						
여름 하(夂) 一 ⺮ 亇 丙 百 百 頁 夏 夏						

🎓 도·움·글

• '出'자는 초목의 싹이 차츰 땅위로 돋아나 자라는 모양[🌱]을 본뜬 것에서, '나오다, 자라다' 등을 뜻합니다.

9 　7급 쓰기연습

花	
꽃　화(艸)	一 十 十 扩 扩 扩 花 花
休	
쉴　휴(人)	丿 亻 亻 仁 什 休 休

도·움·글

• '休'자는 사람[人 = 亻]이 나무[木 = 木] 그늘에 있는 모양[休]을 본뜬 것에서, '쉬다'를 뜻합니다.

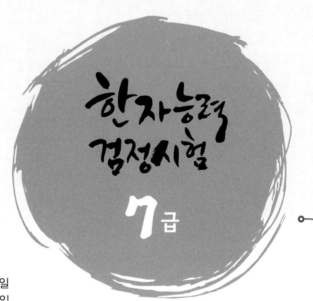

- **인 쇄** · 2024년 2월 5일
- **발 행** · 2024년 2월 10일

- **엮은이** · 원 기 춘
- **발행인** · 최 현 동
- **발행처** · 신 지 원

저자와의
협의하에
인지 생략

- **주 소** · 07532
  서울특별시 강서구 양천로 551-17, 813호(가양동, 한화비즈메트로 1차)

- **T E L** · (02) 2013-8080~1
  F A X · (02) 2013-8090
- **등 록** · 제16-1242호
- **교재구입문의** · (02) 2013-8080~1

정가 15,000원

ISBN 979-11-6633-400-9 15710